지희 쌤 첫 배움책 제3탄

초등 문해력을 완성하는

어휘 글쓰기 배움책

박지희 지음 | 김혜원 그림

심화 창의 편

상상정원

> 초대하는 말

모든 공부의 자신감,
문해력으로부터 시작합니다!

'문해력이 답이다.', '문해력이 공부 실력의 뿌리다.'라는 말들이 자주 들려옵니다. 모든 공부의 기초가 되는 문해력의 중요성은 알겠는데, 문해력의 정확한 뜻이 무엇인지, 또 어느 시기에 어떻게 키울 수 있는지는 막막하다는 학부모가 많습니다.

'문해력'은 무엇일까요? 문해력은 글자를 습득하는 데서 나아가 읽은 내용의 참 의미를 이해하는 능력을 말합니다. 어휘뿐 아니라 다양한 글이나 통계, 정보 등을 올바르게 읽어 내서 의미를 제대로 파악하는 힘을 가리키지요. 읽고, 이해하고, 판단하는 전 과정을 '문해력'이라고 합니다. 더 나아가 요즘은 타인과 소통하고 공감하는 능력, 차별이나 혐오에 대한 비판적 판단력까지 문해력으로 보기도 합니다.

요즘 아이들 중에는 문해력이 부족한 아이가 꽤 많습니다. 기초적인 한글을 깨치지 못한 아이도 있고, 한글을 어느 정도 읽고 쓸 줄 알아도 문장을 해석하지 못하는 아이도 있습니다. 간단한 문장조차 완성하지 못하는 아이, 작품 속의 문학적 장치를 전혀 이해하지 못하는 아이도 많습니다. 이런 경우에 속하는 아이들은 문해력이 부족하다고 할 수 있겠지요. 문해력이 부족하면 공부가 어려워집니다.

아이들은 아는 어휘가 80퍼센트 정도는 되어야 무난하게 책에 몰입할 수 있습니다. 또래 아이들보다 어휘력이 부족하면 책에 몰입하기는커녕 일상적인 수업에서도 소외됩니다. 수업에서 소외되면 공부에도 흥미를 잃게 되는데, 이 또한 큰일이 아닐 수 없습니다.

6학년 글쓰기 시간이었습니다. '부모님에게 가슴 먹먹함을 느꼈던 순간'이라는 주제로 글을 쓸 때였습니다. 쓰기 전에 먼저 말로 표현해 보라고 했습니다. "엄마가 종일 집에 갇힌 거 같다는 생각이 들 때였어요.", "아빠가 세기 시작한 머리카락을 뽑고 계실 때였어요." 등 다양한 이야기가 나왔습니다. 이어서 아이들이 말한 내용을 글로 쓰기 시작할 때, 어떤 아이가 물었습니다.

"선생님, 머리는 세는 거예요? 새는 거예요?"

"머리가 세다는 것은 머리통 힘이 아주 세거나 머리카락이 하얗게 세는 것이라 다행이지만, 머리가 새면 큰일인데?"

몇몇 아이는 알아듣고 웃었지만, 상당수 아이들은 그저 어리둥절한 표정이었습니다. 그래서 그날 아이들과 '세다'와 '새다'에 대해 더 이야기해 보았습니다. 한 아이가 헷갈리는 낱말 대신 "아빠 머리카락 색이 하얗게 변했다."라고 하면 된다고 말했습니다. 그러자 아빠가 머리에 밀가루를 뒤집어쓴 것도 아니고 눈을 뒤집어쓴 것도 아닌데 갑자기 하얗게 변하냐는 둥, 그냥 '세다'를 배우라는 둥 아이들은 한참을 설왕설래했습니다. 그렇습니다. "아빠의 머리카락이 하얗게 세다."라는 문장에는 단순히 '변했다'보다 더 정교한 의미가 담겨 있습니다.

이처럼 정확하고 정교한 표현은 풍부한 어휘력에서 나옵니다. 경험 세계가 넓어질수록 그 세계를 표현하는 언어 또한 좀 더 정교하고 풍부해야 합니다. 또 더 넓은 세계를 경험하기 위해서는 좀 더 많은 언어가 바탕이 되어야 합니다.

아이들이 성장 시기별로 키워야 할 문해력의 영역은 다릅니다. 아이마다 속도가 다를지라도 차근차근 단계를 밟아 공부한다면 문해력은 반드시 발전합니다.

초등학교 1, 2학년 시기에는 초기 문해력인 '정확성'이 발달합니다. 따라서 이 시기에는 정확한 한글 습득과 더불어 낱말을 읽고 쓰고, 문장을 유창하게 읽는 것을 무엇보다 중심에 두고 가르쳐야 합니다.

3, 4학년 시기에는 낱말의 '적절성'이 발달합니다. 이 시기 아이들은 상황에 맞는 적절한 어휘를 사용할 줄 알아야 합니다. 형식에 맞는 정확하고 다양한 표현 방식을 배우는 시기이므로, 다양한 문장이나 글을 읽고 내용을 파악하는 것뿐 아니라, 아이들 스스로 간단하게 글을 쓸 수 있어야 합니다.

5, 6학년 시기에는 심화 읽기 능력과 함께 '창의성'이 자랍니다. 글의 이해는 물론이고 직접적으로 드러나지 않은 내용을 추론하고, 글에 숨겨진 관점이나 철학까지 파악해야 하지요. 또한 혐오나 차별 같은 사회적 이슈에도 반응할 줄 아는 비판적 문해력을 갖추는 시기입니다.

아이들의 성장 발달 단계에 따른 문해력을 키워 주고자 단계별 문해력 강화 학습서를 준비하고 펴냈습니다. 이제 막 문자 세상으로 나가려는 1학년 아이들에게 정확성을 길러 주기 위해 《1학년 첫 배움책》을 출간했습니다. 아이들은 이 책을 통해 정확한 한글 습득뿐 아니라 유창하게 읽는 활동을 꾸준히 할 수 있습니다. 한글을 깨친 아이들의 적절한 어휘 사용 능력을 길러 주기 위해서는 《문해력을 키워 주는 어휘 글쓰기 배움책》을 펴냈습니다. 아이들이 좀 더 깊이 있는 글을 읽고 창의적인 표현력을 갖추는 데 도움을 주고자 《초등 문해력을 완성하는 어휘 글쓰기 배움책 심화·창의 편》을 내놓습니다.

《초등 문해력을 완성하는 어휘 글쓰기 배움책 심화·창의 편》은 어휘력을 심화·확장하는 활동으로 시작합니다. 잘못 사용하기 쉬운 어휘들의 정확한 뜻을 살피고, 그 어휘들을 적절하게 적용하는 상황을 문장 완성하기로 훈련합니다. 정확한 문장 형식에 맞는 문장 쓰기를 연습하고, 잘못된 문장 표현을 찾아서 고치는 활동을 통해 적절하고 정확한 문장 쓰기를 익히게 했습니다. 아이들의 창의성을 길러 주기 위해 일상생활에서 만나는 상황을 다양한 방법으로 표현해 보도록 안내하고, 관용 표현을 익히면서 언어의 유창성까지 기를 수 있도록 구성해 최종적인 초등 문해력을 완성하고자 했습니다.

《초등 문해력을 완성하는 어휘 글쓰기 배움책 심화·창의 편》에서 활동하는 이 같은 어휘 늘리기나 창의 표현 글쓰기, 관용 표현 익히기 등이 온작품 함께 읽기나 일상 수업과 연결되면 훨씬 더 풍부한 언어 교육이 될 것입니다. 어느 학년을 만나든 수업 이외의 일상 활동으로 매일 조금씩 어휘 늘리기를 비롯한 문해력 관련 활동을 했습니다. 아이들은 의외로 빠르게 달라지고 발전했습니다. 날마다 책 읽어 주는 활동과 온작품 읽기가 같이 이루어졌기 때문이라 생각합니다.

일상생활에서 어휘 불리기와 표현 방식 배우기를 꾸준히 하면서 수업이나 책 읽기에서도 문해력 관련 활동이 이어진다면, 아이들은 한층 더 두터워진 문해력을 기반으로 넓은 세상으로 당당하게 나아갈 수 있을 것입니다.

박지희

사용 설명서

1. 정확하고 적절하게 낱말 활용하기

어휘력은 우리말을 잘 쓸 줄 아는 힘, 문해력의 바탕이 됩니다. 이 장은 아이들이 좀 더 어휘력을 풍부하게 키울 수 있는 활동 중심으로 꾸렸습니다. '세다', '새다'처럼 흔히 쓰지만 정확하고 적절하게 사용하기 어려운 낱말을 주로 뽑았습니다. 헷갈리는 낱말을 나란히 배치해서 비교해 보도록 하고, 뜻을 정확히 알 수 있도록 했습니다. 하나의 낱말에 다양한 뜻이 있는 경우, 초등학생의 경험을 고려해 뜻과 예문을 제시했습니다. 어휘를 적절하게 적용하는 상황을 문장 완성하기로 훈련함으로써 아이들은 어휘력뿐 아니라 글쓰기 실력도 키울 수 있습니다.

2. 움직씨로 문장 쓰기

사물의 움직임이나 변화를 나타내는 낱말을 '움직씨', '동사'라고 합니다. 풀이말에 해당하는 움직씨는 표현하는 데 가장 중요한 언어 재료입니다. 아이들이 실제 생활에서 경험할 만한 움직씨를 제시했습니다. 일부러 살려 쓰면 좋은 말들도 찾아 제시했으며, 그 움직씨를 넣어 문장을 만들어 보는 활동을 할 수 있게 구성했습니다. 어렵다고 느껴질 때는 정답지의 예시 문장을 참고하면 좋습니다. 예시 문장을 읽으면서 뜻을 짐작해 보고, 그 문장을 참고하여 새로운 문장을 만드는 활동을 합니다.

3. 그림씨로 문장 쓰기

사물의 성질, 상태, 존재 등을 묘사하는 말을 '그림씨', '형용사'라고 합니다. 그림씨 어휘를 알면 아이들은 자신이 체험한 것을 한층 더 정교하게 표현할 수 있습니다. 아이들이 실제 생활에서 경험할 만한 그림씨를 제시했습니다. 일부러 살려 쓰면 좋은 말들도 찾아 제시했으며, 그 그림씨를 넣어 문장을 만들어 보는 활동을 할 수 있게 구성했습니다. 어렵다고 느껴질 때는 정답지의 예시 문장을 참고하면 좋습니다. 예시 문장을 읽으면서 뜻을 짐작해 보고, 그 문장을 참고하여 새로운 문장을 만드는 활동을 합니다.

4. 글쓰기의 기본 문장 만들기

글쓰기는 문장 만들기에서 시작합니다. 좋은 글을 쓰려면 좋은 문장을 만들 줄 알아야 하지요. 이 장에서는 문장 형식에 맞는 글쓰기를 연습합니다. 문장 형식에 맞게 말하거나 글을 쓰면 표현하고자 하는 바가 분명해집니다. 아이들은 기본 문장을 익히고, 예시 문장을 살펴보며 문장 만들기를 연습함으로써 문장 형식을 익힙니다. 문장 형식에 맞는 문장 쓰기를 글쓰기 활동으로 이어가며 탄탄한 글쓰기의 바탕을 다집니다.

5. 창의 표현 문장 만들기

학년이 올라갈수록 아이들은 상황에 대한 직접 묘사보다는 창의적인 표현을 많이 접합니다. 아이들 또한 심화한 읽기 능력과 더불어 창의적인 글쓰기를 배워야 합니다. 이 장에서는 창의적인 표현을 연습합니다. "배가 고프다."보다는 "배 속에서 밥 좀 넣어 달라고 아우성이다."라고 표현하면 배고픔이 더 절박하게 다가옵니다. 이 같은 창의 표현 글쓰기를 하다 보면 어렵게만 느껴지던 문학적 표현도 이해하게 됩니다. 아이들 스스로 상황을 묘사할 때도 독창적으로 표현함으로써 글쓰기가 풍요로워집니다.

6. 문장 고쳐 글쓰기

어색하고 잘못된 문장을 바르게 고치고, 그 문장을 활용해서 글쓰기를 해 보는 장입니다. 잘못된 문장을 바르게 고치는 활동을 통해 적절하고 정확한 문장 쓰기를 익힐 수 있습니다. 아이들이 흔히 실수하는 호응 관계, 상대방에 따라 달라지는 존댓말과 평어 부분을 많이 다루었습니다. 어려울 때는 정답지를 보고 먼저 이해한 뒤 고쳐 써도 됩니다. 고쳐 쓴 문장을 넣어 글쓰기를 함으로써 맞춤법도 배울 수 있습니다.

7. 관용 표현 글쓰기

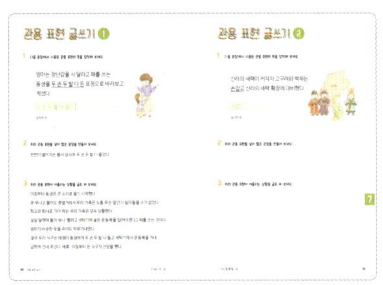

우리말에서는 관용구를 많이 사용합니다. 관용구란 두 개 이상의 단어로 이루어져 있으면서 그 단어들의 뜻만으로는 전체의 의미를 알 수 없는 특수한 의미를 나타내는 구절을 말합니다. 이 장에서는 생활 속 관용 표현을 배웁니다. 관용 표현을 익히면 작품을 보다 깊이 이해하고 더욱 재미있게 감상할 수 있습니다. 초등학생이 접할 만한 관용 표현을 뽑아 배울 수 있도록 했습니다. 관용 표현에 어울리는 그림을 제시하여 직관적으로 이해할 수 있습니다. 관용 표현을 넣은 글쓰기 연습을 통해 언어를 유창하게 사용할 수 있는 힘을 기릅니다.

차례

1 ········ 8쪽
정확하고 적절하게
낱말 활용 하기

낱말 퍼즐 ········ 29쪽

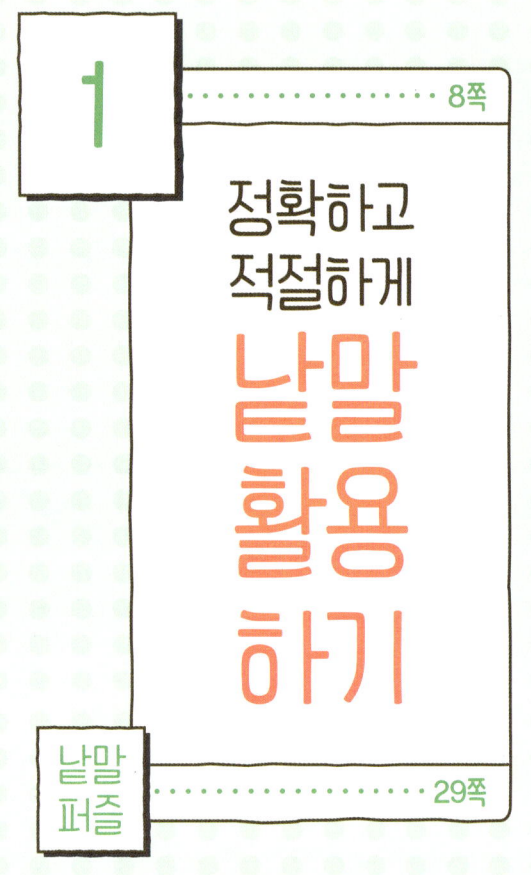

2 ········ 30쪽
움직씨로
문장 쓰기

숨은 그림 찾기 ········ 49쪽

3 ········ 50쪽
그림씨로
문장 쓰기

4 ········ 70쪽
글쓰기의
기본 문장 만들기

다른 그림 찾기 ········ 83쪽

5 창의 표현 문장 만들기 ······ 84쪽

낱말 퍼즐 ······ 97쪽

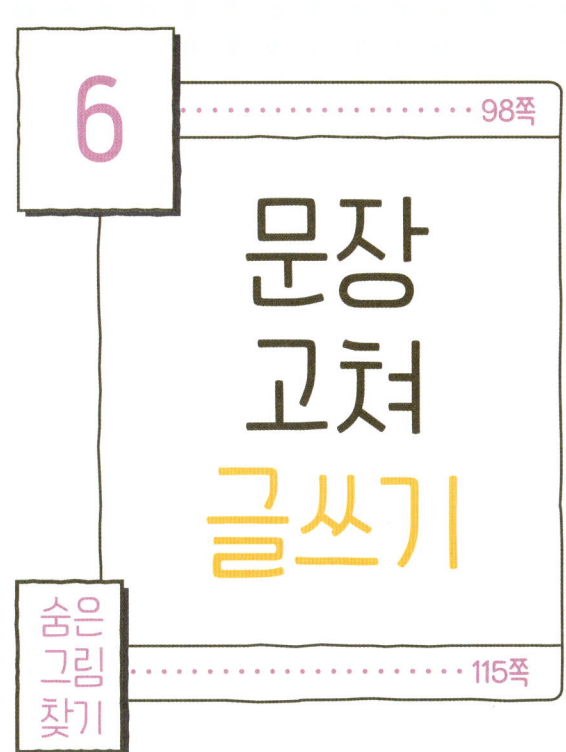

6 문장 고쳐 글쓰기 ······ 98쪽

숨은 그림 찾기 ······ 115쪽

7 관용 표현 글쓰기 ······ 116쪽

다른 그림 찾기 ······ 149쪽

정답 ······ 150쪽

정확하고 적절하게 낱말 활용하기

개다 / 괴다

1 다음 낱말과 낱말의 뜻을 잘 읽어 보세요.

개다
- 흐리거나 궂은 날씨가 맑아지다.
- 옷이나 이부자리를 접어서 포개다.
- 가루가 섞이거나 풀어지도록 하다.

괴다
- 기울어지거나 쓰러지지 않도록 아래를 받쳐 안정시키다.
- 물 같은 액체나 가스, 냄새가 우묵한 곳에 모이다.

2 1에서 빈칸에 알맞은 낱말을 찾아 적절하게 바꾼 뒤 문장을 완성해 보세요.
이어서 예시 문장에 어울리거나 이어지는 문장을 만들어 보세요.

그는 한참을 턱을 (   ) 있더니 꾸벅꾸벅 졸기 시작했다.

며칠간 계속되던 비가 그치고 날이 맑게 (   ).

카레 가루는 물에 잘 (   ) 넣어야 뭉침이 생기지 않는다.

빗물이 마당 곳곳에 (   ) 있다.

들어내다 / 드러내다

1 다음 낱말과 낱말의 뜻을 잘 읽어 보세요.

들어내다
- 물건을 들어서 밖으로 옮기다.
- 사람을 있는 자리에서 쫓아내다.

드러내다
- 가려 있거나 보이지 않던 것을 보이게 하다.
- 알려지지 않은 사실을 보이거나 밝히다.

2 1에서 빈칸에 알맞은 낱말을 찾아 적절하게 바꾼 뒤 문장을 완성해 보세요.
이어서 예시 문장에 어울리거나 이어지는 문장을 만들어 보세요.

나는 어깨가 (　　　　) 옷차림이 하루 종일 신경 쓰였다.

드디어 이삿날이다. 내 방에서 이삿짐을 (　　　　).

시간이 흐를수록 괴짜인 그가 본색을 (　　　　) 시작했다.

원님은 죄인을 보고 소리쳤다. "저놈을 여기서 당장 (　　　　) 못할까!"

걷히다 / 거치다

1 다음 낱말과 낱말의 뜻을 잘 읽어 보세요.

걷히다
- 구름이나 안개 따위가 흩어져 없어지다.
- 여러 사람에게서 돈이나 물건 따위가 거두어지다.
- 늘어진 것이 말아 올려지거나 열어 젖혀지다.

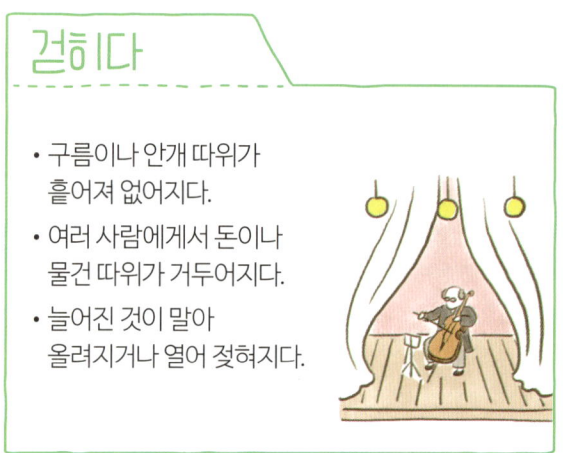

거치다
- 오가는 도중에 어디를 지나거나 들르다.
- 무엇에 걸리거나 막히다.

2 1에서 빈칸에 알맞은 낱말을 찾아 적절하게 바꾼 뒤 문장을 완성해 보세요.
이어서 예시 문장에 어울리거나 이어지는 문장을 만들어 보세요.

안개가 (　　　　) 날이 맑아졌다.

외할머니 댁에 가기 위해서는 큰 개가 살고 있는 그 집을 (　　　　) 했다.

연극이 시작되자 막이 (　　　　).

대회 본선에 오르기 위해서는 사전 심사를 (　　　　) 한다.

낫다 / 나다

1 다음 낱말과 낱말의 뜻을 잘 읽어 보세요.

낫다
- 한층 더 좋거나 앞서 있다.
- 병이나 상처가 고쳐져 본래대로 되다.

나다
- 신체 표면이나 땅 위에 솟아나다.
- 길, 통로, 창문 따위가 생기다.
- 어떤 사물에 구멍이나 자국 따위의 형체 변화가 생기다.

2 1에서 빈칸에 알맞은 낱말을 찾아 적절하게 바꾼 뒤 문장을 완성해 보세요.
이어서 예시 문장에 어울리거나 이어지는 문장을 만들어 보세요.

걱정했는데 얼굴을 보니 마음이 한결 (　　　　).

우리 집 앞으로 큰길이 (　　　　).

사춘기 형의 턱에 수염이 (　　　　) 시작했다.

오랫동안 엄마를 괴롭히던 병이 깨끗이 (　　　　).

반듯이/반드시

1 다음 낱말과 낱말의 뜻을 잘 읽어 보세요.

반듯이
- 작은 물체 또는 생각이나 행동이 비뚤어지거나 기울거나 굽지 아니하고 바르게.
- 생김새가 아담하고 말끔하게.

반드시
- 틀림없이 꼭.

2 1에서 빈칸에 알맞은 낱말을 찾아 적절하게 바꾼 뒤 문장을 완성해 보세요.
이어서 예시 문장에 어울리거나 이어지는 문장을 만들어 보세요.

| 자로 잰 듯이 (　　　) 앉아도 좋아요. |

| 겉표지에 (　　　) 제목과 이름을 써 주세요. |

| 침대에 (　　　) 누워 보렴. |

| 스케치북을 탁자 위에 (　　　) 놓고 그림을 그렸다. |

늘이다 / 늘리다

1 다음 낱말과 낱말의 뜻을 잘 읽어 보세요.

늘이다
- 아래로 길게 처지게 하다.
- 더 길어지게 하다.
- 선 따위를 연장하여 계속 긋다.

늘리다
- 물체의 넓이, 부피를 본디보다 커지게 하다.
- 수나 분량 따위를 본디보다 많아지게 하거나 무게를 더 나가게 하다.
- 힘이나 기운, 세력 따위를 이전보다 큰 상태로 만들다.

2 1에서 빈칸에 알맞은 낱말을 찾아 적절하게 바꾼 뒤 문장을 완성해 보세요.
이어서 예시 문장에 어울리거나 이어지는 문장을 만들어 보세요.

| 새총에 달린 노란 고무줄이 짧은 듯하여 (　　　　) 놓았다. |

| 어린이 전체 회의를 통해 중간놀이 시간을 (　　　　)로 결정했다. |

| 고구려, 백제, 신라 세 나라는 점점 세력을 (　　　　) 나갔다. |

| 키가 커져서 작년에 입던 바지의 바짓단을 (　　　　). |

닫히다 / 다치다

1 다음 낱말과 낱말의 뜻을 잘 읽어 보세요.

닫히다
- 열려 있던 문이나 뚜껑이 도로 제자리로 가게 되어 막히다.
- 하루의 영업이 끝나다.

다치다
- 부딪치거나 맞거나 하여 신체에 상처가 생기거나 상처를 입다.
- 몸이나 물건을 건드리다.

2 1에서 빈칸에 알맞은 낱말을 찾아 적절하게 바꾼 뒤 문장을 완성해 보세요.
이어서 예시 문장에 어울리거나 이어지는 문장을 만들어 보세요.

| 지금 시간이면 병원 문이 (　　　　) 것이다. |

| 스케이트를 타다가 팔을 (　　　　) 병원에 갔다. |

| 말이 상대의 마음을 크게 (　　　　) 할 수도 있다. |

| 창문이 바람 때문에 쾅 (　　　　). |

~로서 / ~로써

1 다음 낱말과 낱말의 뜻을 잘 읽어 보세요.

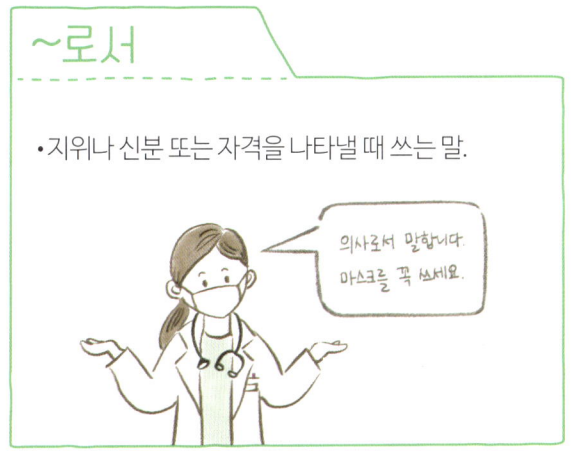

~로서
- 지위나 신분 또는 자격을 나타낼 때 쓰는 말.

~로써
- 재료나 수단, 도구를 나타낼 때 쓰는 말.
- 시간을 셀 때의 기준이나 한계.

2 1에서 빈칸에 알맞은 낱말을 찾아 적절하게 바꾼 뒤 문장을 완성해 보세요.
이어서 예시 문장에 어울리거나 이어지는 문장을 만들어 보세요.

드디어 오늘(　　　　) 이 학원은 끝이다.

독서 동아리 회원으(　　　　) 책을 읽고 모임에 오는 것은 당연하다.

잉크가 안 나오는 걸 보니 펜으(　　　　) 수명이 다한 듯하다.

공부는 학생으(　　　　) 당연히 해야 할 일이다.

띠다 / 띄다

1 다음 낱말과 낱말의 뜻을 잘 읽어 보세요.

띠다
- 어떤 성질을 가지다.
- 용무·직책·사명을 가지다.
- 색깔이나 색채를 가지다.
- 감정이나 기운을 나타내다.

그 아이의 볼은 복숭아 빛을 띠고 있어.

띄다
- '뜨이다'의 준말.
- 감았던 눈을 뜨다.
- 눈에 들어오다.
- 두드러지게 드러나다.

검은 고양이는 밤에 눈에 잘 띄지 않는다.

2 1에서 빈칸에 알맞은 낱말을 찾아 적절하게 바꾼 뒤 문장을 완성해 보세요.
이어서 예시 문장에 어울리거나 이어지는 문장을 만들어 보세요.

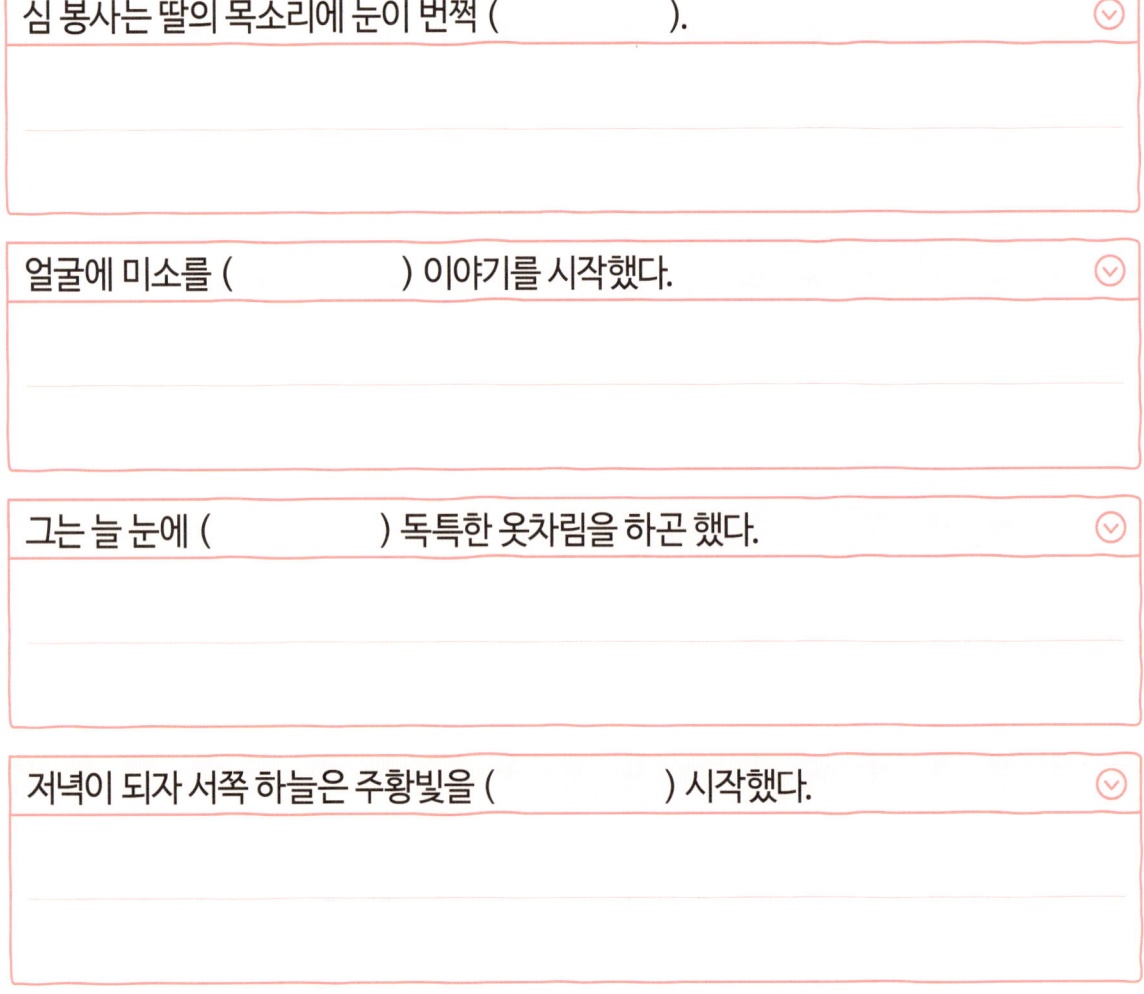

심 봉사는 딸의 목소리에 눈이 번쩍 (　　　　).

얼굴에 미소를 (　　　　) 이야기를 시작했다.

그는 늘 눈에 (　　　　) 독특한 옷차림을 하곤 했다.

저녁이 되자 서쪽 하늘은 주황빛을 (　　　　) 시작했다.

세다 / 새다

1 다음 낱말과 낱말의 뜻을 잘 읽어 보세요.

세다
- 힘이 많다.
- 행동하거나 밀고 나가는 기세 따위가 강하다.
- 사물의 수효를 헤아리거나 꼽다.
- 머리카락이나 수염 따위의 털이 희어지다.

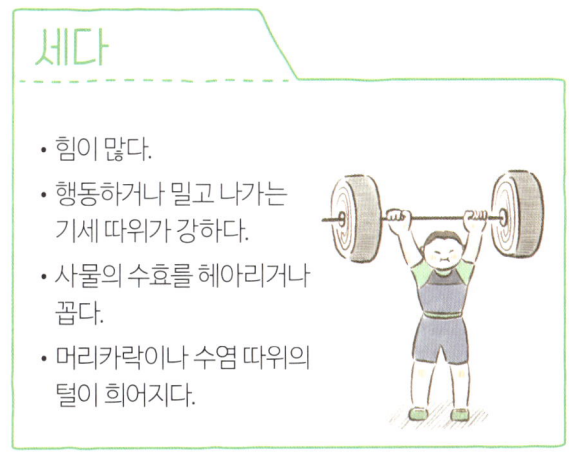

새다
- 기체, 액체 따위가 틈이나 구멍으로 조금씩 빠져나가거나 나오다.
- 빛이 물체의 틈이나 구멍을 통해 나가나 들다.
- 어떤 소리가 일정 범위에서 빠져나가거나 바깥으로 소리가 들리다.

2 1에서 빈칸에 알맞은 낱말을 찾아 적절하게 바꾼 뒤 문장을 완성해 보세요.
이어서 예시 문장에 어울리거나 이어지는 문장을 만들어 보세요.

장마가 계속되자 천장에서 비가 (　　　　) 시작했다.

쇠를 먹는 불가사리는 점점 힘이 (　　　　) 있었다.

아빠는 아침마다 (　　　　) 시작하는 흰 머리카락을 뽑곤 하셨다.

거실로 나오니 작은 방에서 불빛이 (　　　　) 나오고 있었다.

부치다 / 붙이다

1 다음 낱말과 낱말의 뜻을 잘 읽어 보세요.

부치다
- 편지나 물건 따위를 보내다.
- 모자라거나 미치지 못하다.
- 빈대떡이나 전을 익혀서 만들다.
- 논밭을 이용하여 농사를 짓다.
- 부채를 흔들어서 바람을 일으키다.

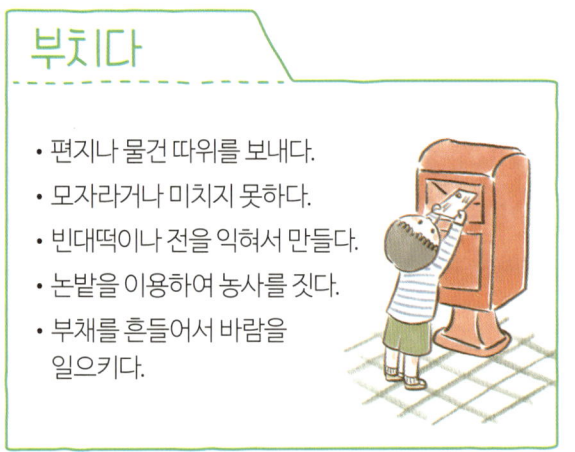

붙이다
- 맞닿아 떨어지지 않게 하다.
- 불을 일으켜 타게 하다.
- 조건, 이유, 구실 따위를 딸리게 하다.

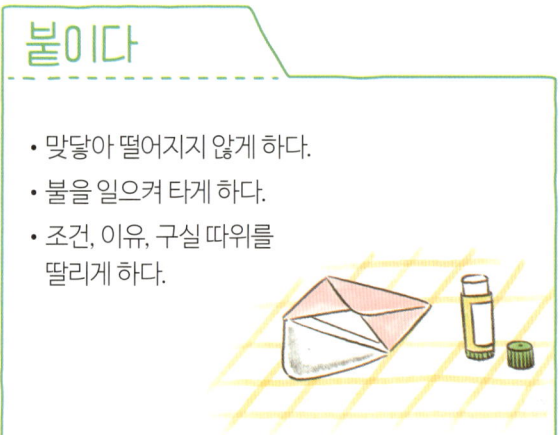

2 1에서 빈칸에 알맞은 낱말을 찾아 적절하게 바꾼 뒤 문장을 완성해 보세요.
이어서 예시 문장에 어울리거나 이어지는 문장을 만들어 보세요.

| 할머니는 진달래 꽃잎으로 화전을 (　　　) 하셨다. |

| 불이 잘 (　　　) 하려고 부채로 살살 바람을 (　　　) 있었다. |

| 할머니가 우편으로 갖가지 나물을 (　　　). |

| 누나는 자기가 하는 일에 꼭 이유를 (　　　). |

이따가/있다가

1 다음 낱말과 낱말의 뜻을 잘 읽어 보세요.

이따가
- '조금 지난 뒤에'를 나타내는 말.

있다가
- '사람이나 동물이 머물다가'를 뜻하는 말.

2 1에서 빈칸에 알맞은 낱말을 찾아 적절하게 바꾼 뒤 문장을 완성해 보세요.
이어서 예시 문장에 어울리거나 이어지는 문장을 만들어 보세요.

친구랑 한참 수다를 떨다가 (　　　　　) 만나기로 하고 헤어졌다.

비가 와서 집에만 (　　　　　) 답답해서 밖으로 나왔다.

반려동물이 (　　　　　) 없으면 허전하다.

선생님은 수업을 시작하시며 (　　　　　) 다시 이야기하자고 하셨다.

~대로 / ~데로

1 다음 낱말과 낱말의 뜻을 잘 읽어 보세요.

~대로
- 어떤 모양이나 상태와 같이.
- 어떤 상태나 행동이 나타나는 그 즉시.
- 어떤 상태나 행동이 나타나는 족족.

~데로
- '곳'이나 '장소'를 뜻하는 말.

2 1에서 빈칸에 알맞은 낱말을 찾아 적절하게 바꾼 뒤 문장을 완성해 보세요.
이어서 예시 문장에 어울리거나 이어지는 문장을 만들어 보세요.

| 어두운 곳에 있지 말고 밝은 (　　　　) 나와라. |

| 아무 버스나 오는 (　　　　) 타면 학교에 도착한다. |

| 얕은 곳에서만 물놀이를 하고 깊은 (　　　　) 가면 안 된다. |

| 어떻게 해야 할지 모를 때는 마음 가는 (　　　　) 해 보는 것도 좋아. |

메다 / 매다

1 다음 낱말과 낱말의 뜻을 잘 읽어 보세요.

메다
- 어깨에 물건을 걸치거나 올려놓다.
- 사람이 책임이나 임무를 지거나 맡다.
- 어떤 감정이 북받치는 상태가 되다.
- 가득 찬 상태가 되다.

매다
- 끈이나 줄 따위로 풀어지지 않게 마디를 만들다.
- 논밭에 난 잡풀을 뽑다.

2 1에서 빈칸에 알맞은 낱말을 찾아 적절하게 바꾼 뒤 문장을 완성해 보세요.
이어서 예시 문장에 어울리거나 이어지는 문장을 만들어 보세요.

학교에 가려고 가방을 어깨에 (　　　　) 집을 나섰다.

할머니는 콩밭에서 김을 (　　　　) 계셨다.

먼 길을 떠나기 전 나그네는 신발 끈을 꽉 (　　　　).

대상을 받게 되었다는 소식에 목이 (　　　　) 말이 나오지 않았다.

~쟁이 / ~장이

1 다음 낱말과 낱말의 뜻을 잘 읽어 보세요.

~쟁이
- 어떤 성격을 많이 가진 사람.

~장이
- 직업이나 일에서 기술을 가진 사람.

2 1에서 빈칸에 알맞은 낱말을 찾아 적절하게 바꾼 뒤 문장을 완성해 보세요.
이어서 예시 문장에 어울리거나 이어지는 문장을 만들어 보세요.

나는 어렸을 때 심한 떼(　　　　)였다.

그는 그 동네에서 유명한 구두(　　　　)였다.

지금은 대장(　　　　)들을 거의 볼 수 없다.

놀부는 욕심(　　　　)다.

세우다 / 새우다

1 다음 낱말과 낱말의 뜻을 잘 읽어 보세요.

세우다
- 몸이나 몸의 일부를 곧게 펴게 하거나 일어서게 하다.
- 처져 있던 것을 똑바로 위를 향하여 곧게 하다.
- 계획을 정하거나 짜다.

새우다
- 한숨도 자지 아니하고 밤을 지내다.

2 1에서 빈칸에 알맞은 낱말을 찾아 적절하게 바꾼 뒤 문장을 완성해 보세요.
이어서 예시 문장에 어울리거나 이어지는 문장을 만들어 보세요.

| 밀린 숙제를 하느라 밤을 하얗게 (   ). |

| 나는 두 귀를 쫑긋 (   ) 결과를 들었다. |

| 우리는 여행 계획을 치밀하게 (   ). |

| 걸을 때는 허리를 꼿꼿이 (   ) 걸으렴. |

25

해치다 / 헤치다

1 다음 낱말과 낱말의 뜻을 잘 읽어 보세요.

해치다
- 해를 끼치거나 손상시키다.
- 남을 다치게 하거나 죽이다.

헤치다
- 속에 든 물건을 드러나게 하려고 덮인 것을 파거나 젖히다.
- 앞에 걸리는 것을 좌우로 물리치다.
- 가난이나 고난 따위를 이겨 나가다.

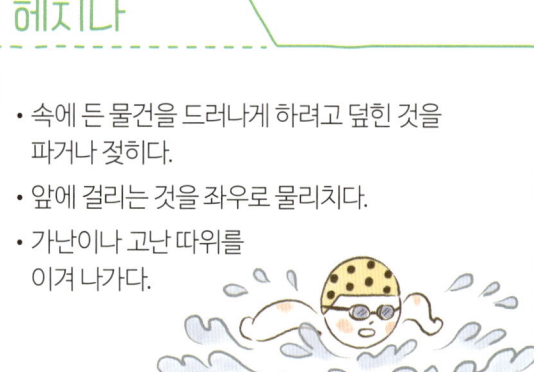

2 1에서 빈칸에 알맞은 낱말을 찾아 적절하게 바꾼 뒤 문장을 완성해 보세요.
이어서 예시 문장에 어울리거나 이어지는 문장을 만들어 보세요.

늦은 밤에 음식을 먹는 습관은 건강을 (　　　　).

연어는 물살을 (　　　　) 앞으로 나아간다.

사람이든 동물이든 목숨을 함부로 (　　　　)는 안 된다.

옷을 풀어 (　　　　) 가슴을 압박하며 응급 조치를 했다.

배다 / 베다

1 다음 낱말과 낱말의 뜻을 잘 읽어 보세요.

배다
- 물기나 냄새 등이 스며들다.
- 버릇이 되어 익숙해지다.
- 느낌이나 생각 따위가 깊이 느껴지거나 오래 남아 있다.

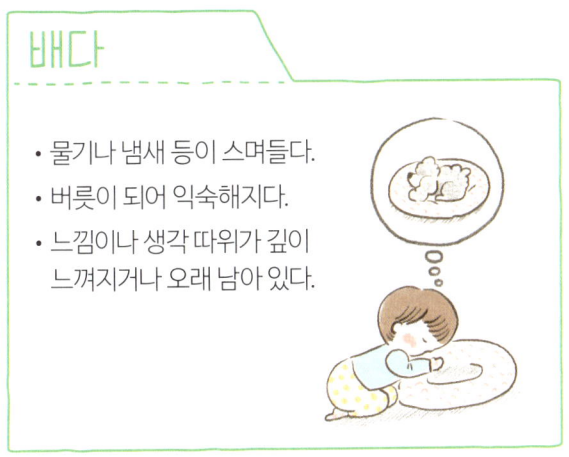

베다
- 베개 따위로 머리 아래를 받치다.
- 날이 있는 연장으로 물건을 끊거나 자르거나 가르다.

2 1에서 빈칸에 알맞은 낱말을 찾아 적절하게 바꾼 뒤 문장을 완성해 보세요.
이어서 예시 문장에 어울리거나 이어지는 문장을 만들어 보세요.

엄마의 무릎을 (　　　　) 누워서 옛이야기를 듣던 날이 그립다.

엄마의 냄새가 (　　　　) 옷을 꼭 끌어안고 잠들었다.

낫으로 풀을 (　　　　) 때는 손을 (　　　　) 않도록 조심해야 한다.

음식 냄새가 옷에 (　　　　) 세탁을 했다.

채 / 체

1 다음 낱말과 낱말의 뜻을 잘 읽어 보세요.

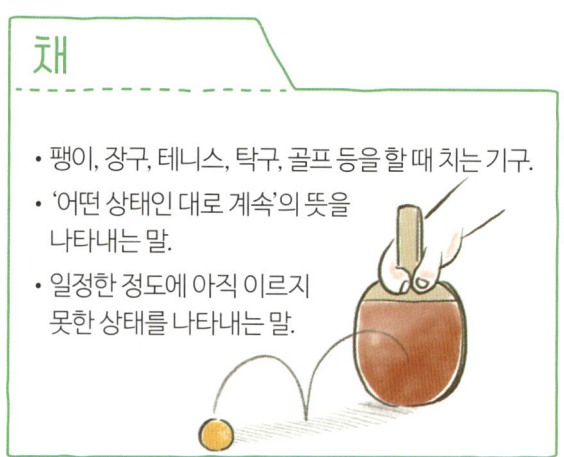

채
- 팽이, 장구, 테니스, 탁구, 골프 등을 할 때 치는 기구.
- '어떤 상태인 대로 계속'의 뜻을 나타내는 말.
- 일정한 정도에 아직 이르지 못한 상태를 나타내는 말.

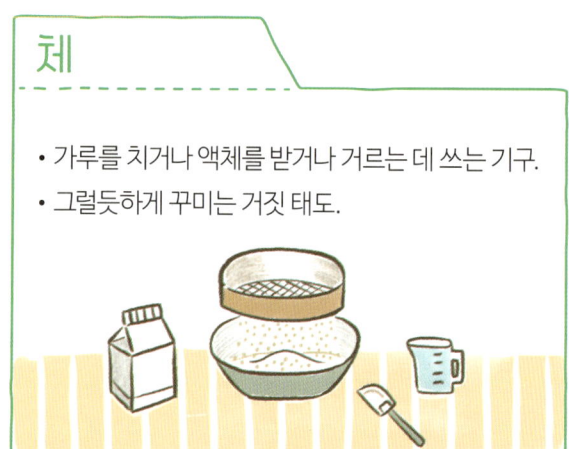

체
- 가루를 치거나 액체를 받거나 거르는 데 쓰는 기구.
- 그럴듯하게 꾸미는 거짓 태도.

2 1에서 빈칸에 알맞은 낱말을 찾아 적절하게 바꾼 뒤 문장을 완성해 보세요.
이어서 예시 문장에 어울리거나 이어지는 문장을 만들어 보세요.

| 허겁지겁 달려온 동생은 신을 신은 (　　　　)로 마루에 올라왔다. |

| 그는 모르면서도 아는 (　　　　)를 하곤 했다. |

| 병원에서 퇴원한 지 1년도 (　　　　) 안 되었다. |

| 빵을 만들 때는 밀가루를 (　　　　)로 쳐야 한다. |

가로세로 낱말 퍼즐

- 가로 열쇠와 세로 열쇠를 읽고 낱말을 맞춰 가며 퍼즐을 풀어 보세요.

가로 열쇠

2. 민속놀이의 하나로 몸을 움직여 앞뒤로 왔다 갔다 하며 노는 놀이 기구.
4. 이전의 잘못을 깨치고 뉘우침.
6. 지구의 기온이 높아지는 현상.
8. 소리가 산이나 절벽 같은 데에 부딪쳐 되울려 오는 소리.
9. 어떤 일이나 사상에서 다른 사람보다 앞선 사람.
11. 그날그날의 기상 상태.
13. 땅이나 암석 따위를 파거나 파낸 것을 처리하는 기계.
15. 집터에 딸리거나 집 가까이 있는 밭.
17. 희망을 버리고 아주 단념하는 것을 일컫는 말.
18. 자연히 잘게 부스러진 돌 부스러기.
20. 이제까지 찾아내지 못했거나 세상에 알려지지 않은 것을 처음 찾아냄.
22. 사람으로서의 품격.
24. 외따로 홀로 떨어짐.

세로 열쇠

1. 기온·비·눈·바람 따위의 대기 상태.
3. 물체가 빛을 가려 그 물체의 뒤쪽에 나타나는 검은 그늘.
5. 바람이 한곳에서 뱅뱅 돌아 물이나 검불 따위가 엉켜 깔대기 모양으로 오르는 현상.
7. 항해 중 폭풍우나 그 밖의 장애로 파괴된 배.
10. 자연적으로 생긴 깊고 넓은 큰 굴.
12. 두 사람이 샅바를 잡고 힘과 기술을 써서 상대를 먼저 넘어뜨리는 경기.
14. 공기·산소·수소 따위를 가리키는 말로 일정한 모양과 부피를 갖지 않는 물질.
16. 먼저 자리를 잡은 사람이 뒤에 들어오는 사람을 업신여기는 행동.
19. 내일의 다음 날.
21. 전에 없던 것을 새로 생각해 내거나 만들어 냄.
23. 인간으로서 당연히 갖는 기본적 권리.
25. 마음속으로 괴로워하고 애를 태움.

움직씨로 문장 쓰기

 # ㄱ으로 시작하는 움직씨

> 움직씨는 움직임을 나타내는 낱말입니다. '동사'라고도 해요.

1 ㄱ으로 시작하는 움직씨를 적절하게 바꿔 문장을 만들어 보세요. 예시 문장에 이어지는 문장을 만들어도 됩니다.

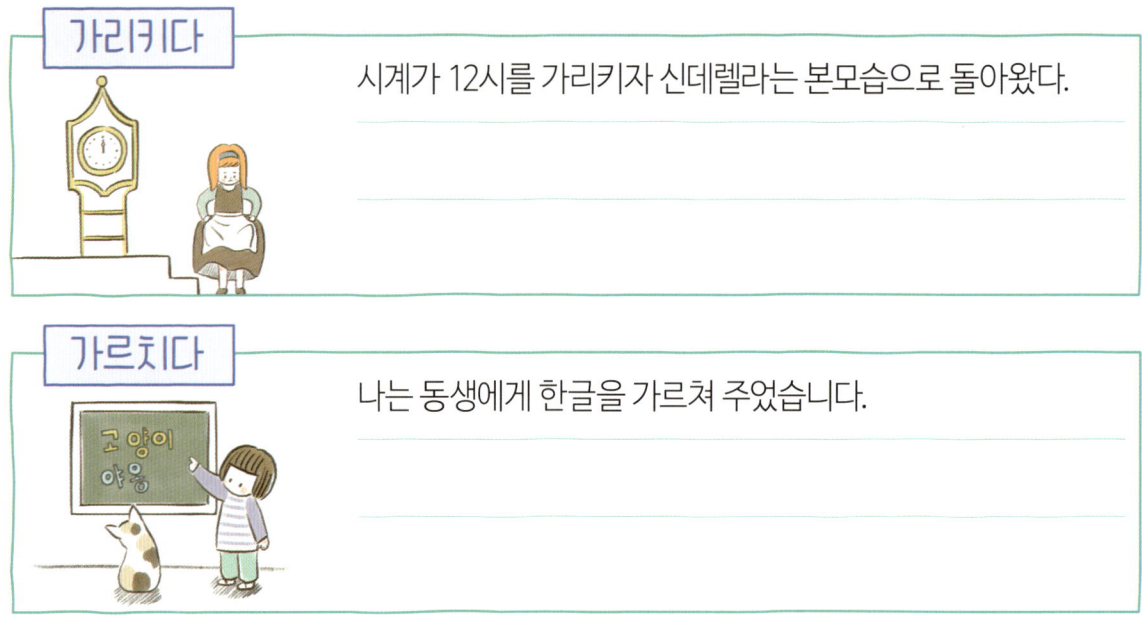

가리키다
시계가 12시를 가리키자 신데렐라는 본모습으로 돌아왔다.

가르치다
나는 동생에게 한글을 가르쳐 주었습니다.

2 제시된 움직씨를 적절하게 바꿔 문장을 만들어 보세요. 처음 만든 문장에 이어지는 문장을 만들어도 됩니다. 생각나지 않으면 정답지의 예시 문장을 참고해 주세요.

갈다

굶다

고르다

기르다

 ㄴ으로 시작하는 움직씨

1 ㄴ으로 시작하는 움직씨를 적절하게 바꿔 문장을 만들어 보세요.
예시 문장에 이어지는 문장을 만들어도 됩니다.

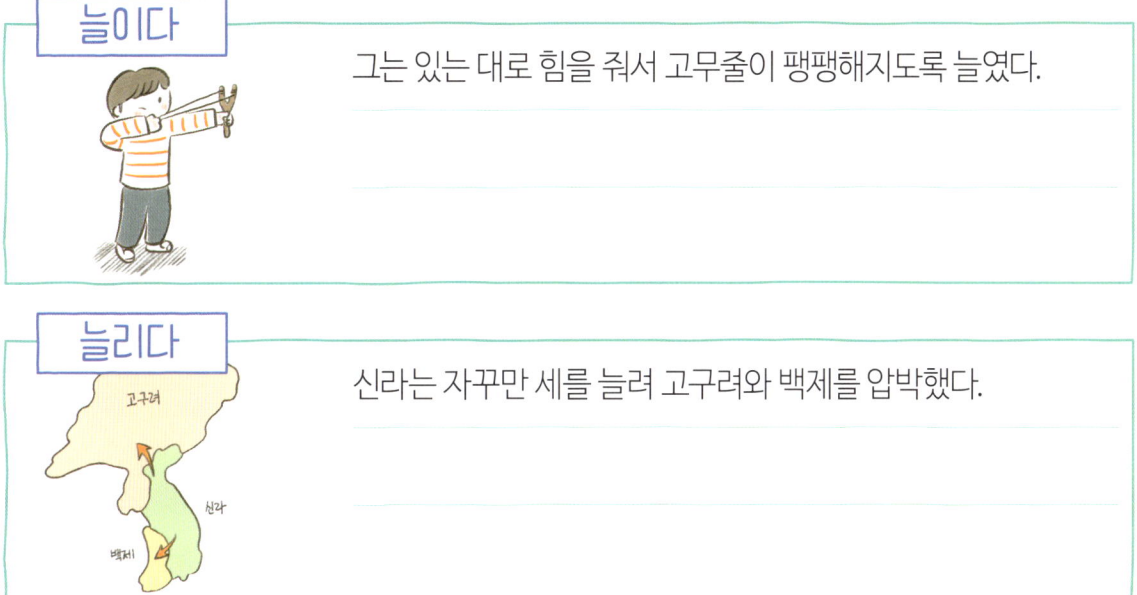

늘이다
그는 있는 대로 힘을 줘서 고무줄이 팽팽해지도록 늘였다.

늘리다
신라는 자꾸만 세를 늘려 고구려와 백제를 압박했다.

2 제시된 움직씨를 적절하게 바꿔 문장을 만들어 보세요. 처음 만든 문장에 이어지는 문장을 만들어도 됩니다. 생각나지 않으면 정답지의 예시 문장을 참고해 주세요.

놀다

날다

널다

낫다

ㄷ 으로 시작하는 움직씨

1 ㄷ으로 시작하는 움직씨를 적절하게 바꿔 문장을 만들어 보세요.
예시 문장에 이어지는 문장을 만들어도 됩니다.

닫다

닫힌 교문이 드디어 열렸습니다.

듣다

방송을 잘 듣고 받아 적어 보세요.

2 제시된 움직씨를 적절하게 바꿔 문장을 만들어 보세요. 처음 만든 문장에 이어지는 문장을 만들어도 됩니다. 생각나지 않으면 정답지의 예시 문장을 참고해 주세요.

닮다

덮다

덧나다

닳다

 으로 시작하는 움직씨

1 ☐으로 시작하는 움직씨를 적절하게 바꿔 문장을 만들어 보세요.
예시 문장에 이어지는 문장을 만들어도 됩니다.

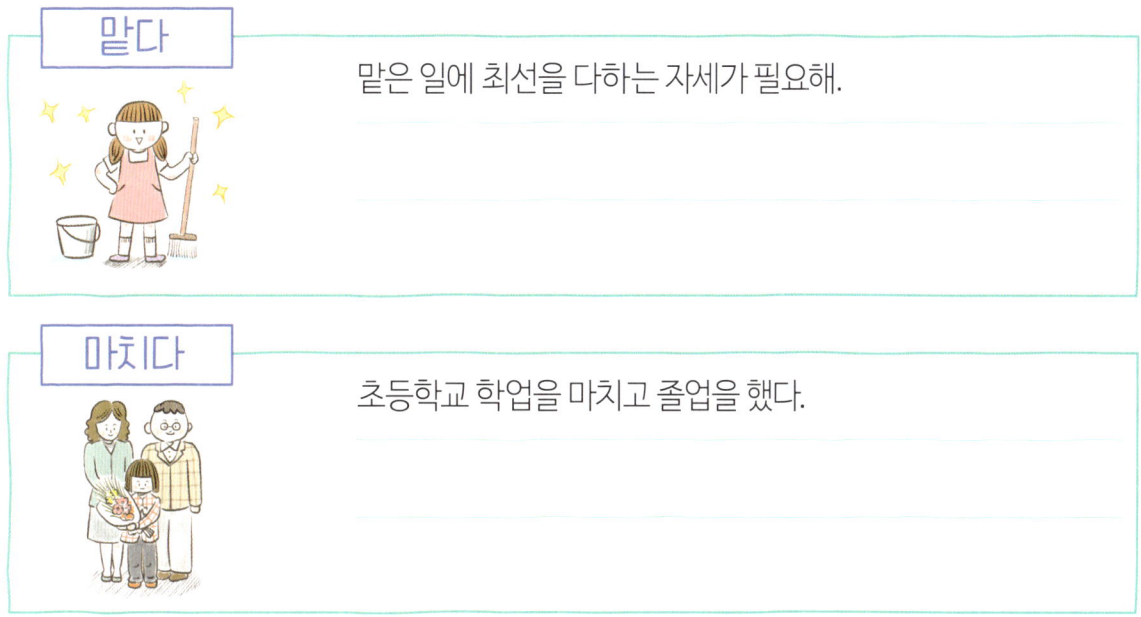

| 맡다 | 맡은 일에 최선을 다하는 자세가 필요해. |
| 마치다 | 초등학교 학업을 마치고 졸업을 했다. |

2 제시된 움직씨를 적절하게 바꿔 문장을 만들어 보세요. 처음 만든 문장에 이어지는 문장을 만들어도 됩니다. 생각나지 않으면 정답지의 예시 문장을 참고해 주세요.

머무르다	
뭉개지다	
맞닥뜨리다	
머금다	

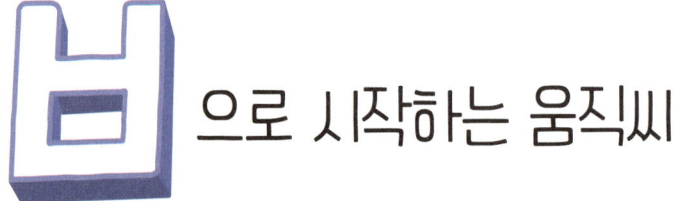 으로 시작하는 움직씨

1 ㅂ으로 시작하는 움직씨를 적절하게 바꿔 문장을 만들어 보세요.
예시 문장에 이어지는 문장을 만들어도 됩니다.

붓다 — 밥을 지은 솥에 물을 붓고 숭늉을 끓였다.

받히다 — 소에게 받힌 이후로 소만 보면 다리가 부들부들 떨렸다.

2 제시된 움직씨를 적절하게 바꿔 문장을 만들어 보세요. 처음 만든 문장에 이어지는 문장을 만들어도 됩니다. 생각나지 않으면 정답지의 예시 문장을 참고해 주세요.

바치다

베다

배다

밝히다

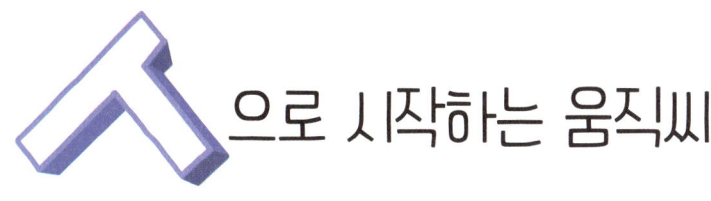으로 시작하는 움직씨

1 ㅅ으로 시작하는 움직씨를 적절하게 바꿔 문장을 만들어 보세요.
예시 문장에 이어지는 문장을 만들어도 됩니다.

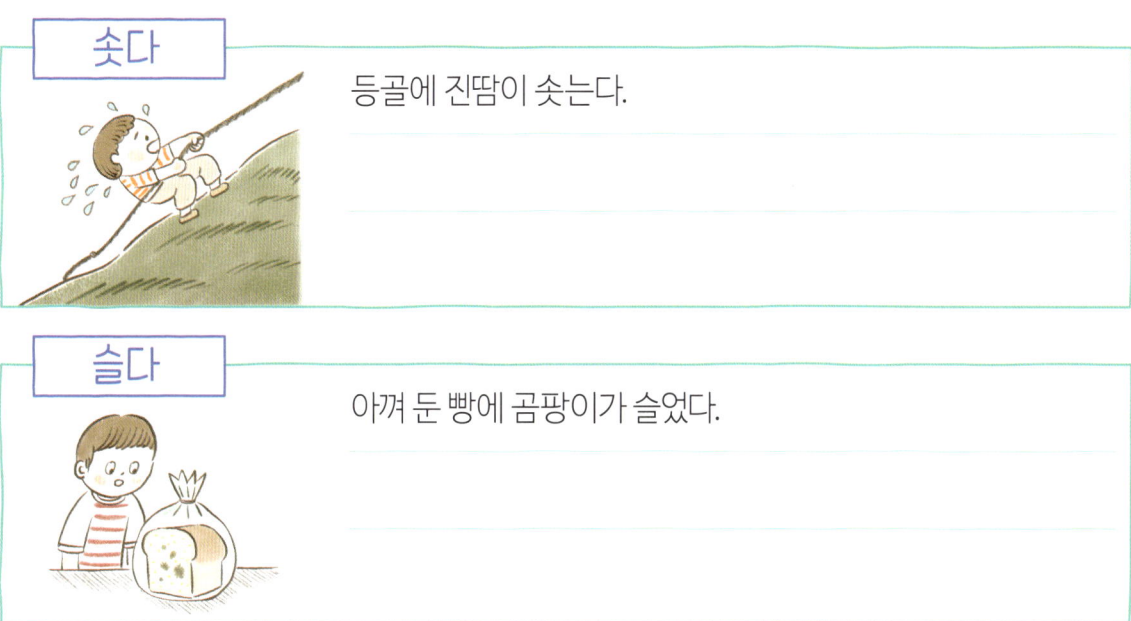

| 솟다 | 등골에 진땀이 솟는다. |

| 슬다 | 아껴 둔 빵에 곰팡이가 슬었다. |

2 제시된 움직씨를 적절하게 바꿔 문장을 만들어 보세요. 처음 만든 문장에 이어지는 문장을 만들어도 됩니다. 생각나지 않으면 정답지의 예시 문장을 참고해 주세요.

| 세다 | |

| 새다 | |

| 삭다 | |

| 샘내다 | |

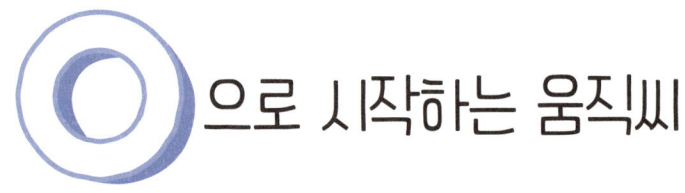으로 시작하는 움직씨

1 ㅇ으로 시작하는 움직씨를 적절하게 바꿔 문장을 만들어 보세요.
예시 문장에 이어지는 문장을 만들어도 됩니다.

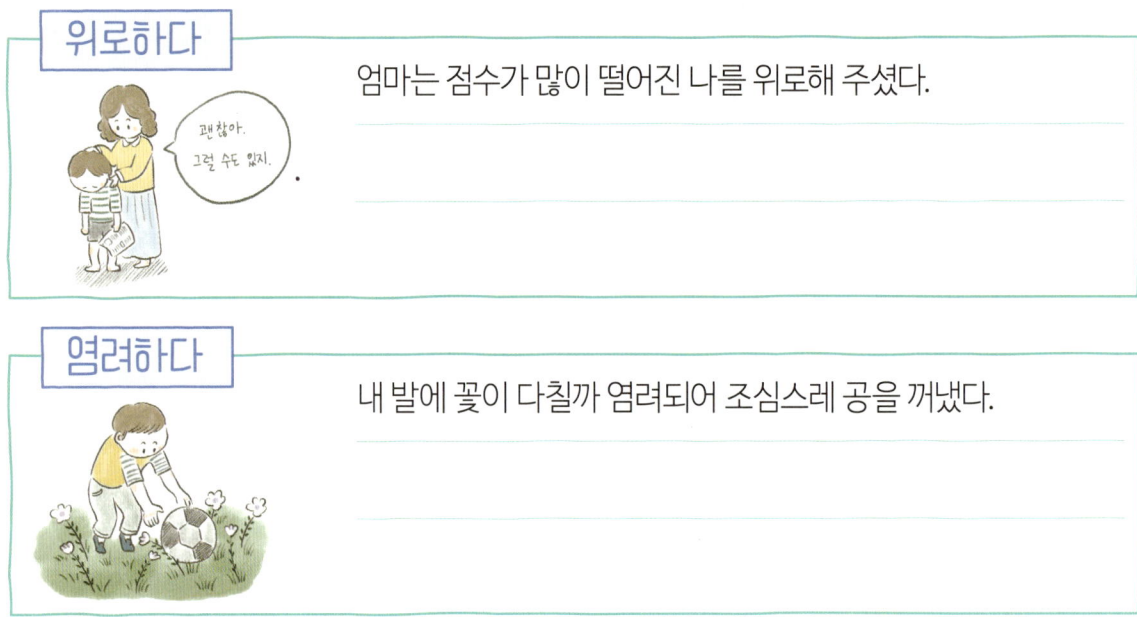

위로하다
엄마는 점수가 많이 떨어진 나를 위로해 주셨다.

염려하다
내 발에 꽃이 다칠까 염려되어 조심스레 공을 꺼냈다.

2 제시된 움직씨를 적절하게 바꿔 문장을 만들어 보세요. 처음 만든 문장에 이어지는 문장을 만들어도 됩니다. 생각나지 않으면 정답지의 예시 문장을 참고해 주세요.

엮다

오므리다

아물다

여물다

ㅈ으로 시작하는 움직씨

1 ㅈ으로 시작하는 움직씨를 적절하게 바꿔 문장을 만들어 보세요.
예시 문장에 이어지는 문장을 만들어도 됩니다.

저물다

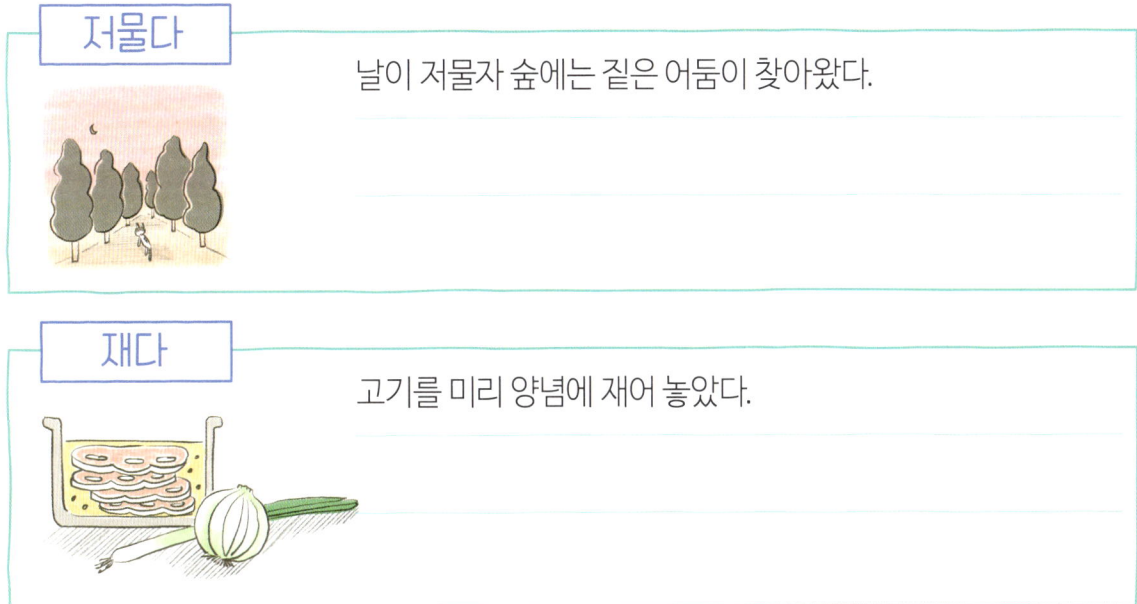

날이 저물자 숲에는 짙은 어둠이 찾아왔다.

재다

고기를 미리 양념에 재어 놓았다.

2 제시된 움직씨를 적절하게 바꿔 문장을 만들어 보세요. 처음 만든 문장에 이어지는 문장을 만들어도 됩니다. 생각나지 않으면 정답지의 예시 문장을 참고해 주세요.

찾아들다

접다

쥐다

젓다

 ㅊ으로 시작하는 움직씨

1 ㅊ으로 시작하는 움직씨를 적절하게 바꿔 문장을 만들어 보세요. 예시 문장에 이어지는 문장을 만들어도 됩니다.

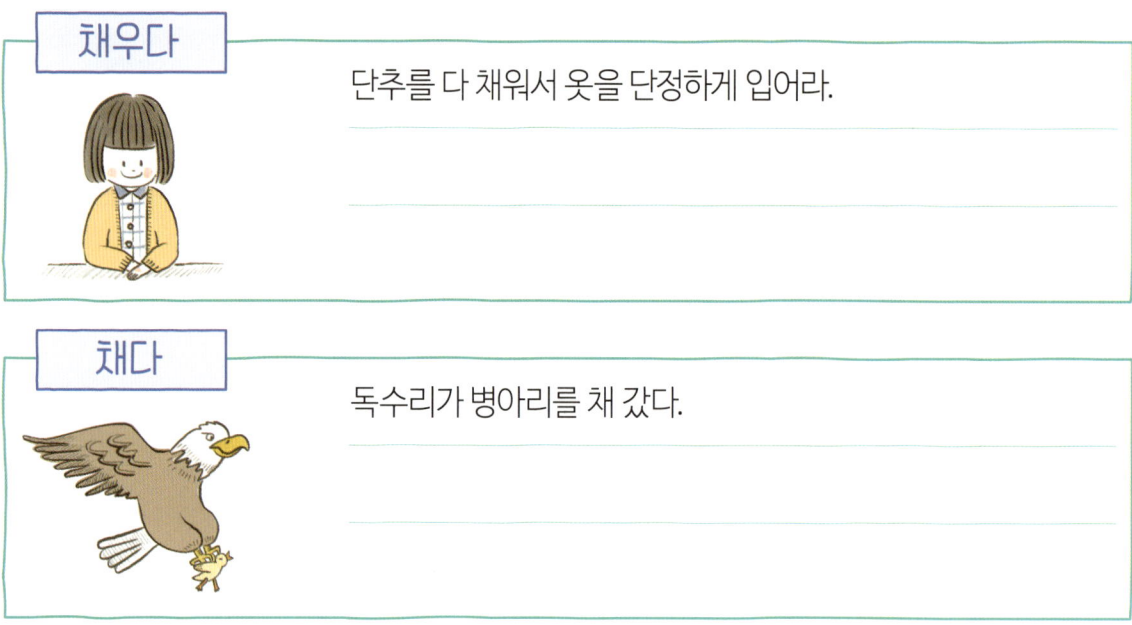

채우다 — 단추를 다 채워서 옷을 단정하게 입어라.

채다 — 독수리가 병아리를 채 갔다.

2 제시된 움직씨를 적절하게 바꿔 문장을 만들어 보세요. 처음 만든 문장에 이어지는 문장을 만들어도 됩니다. 생각나지 않으면 정답지의 예시 문장을 참고해 주세요.

체하다

치밀다

차리다

쳐다보다

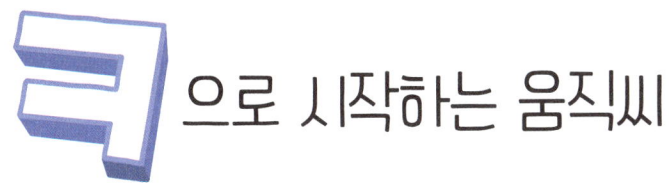으로 시작하는 움직씨

1 ㅋ으로 시작하는 움직씨를 적절하게 바꿔 문장을 만들어 보세요.
예시 문장에 이어지는 문장을 만들어도 됩니다.

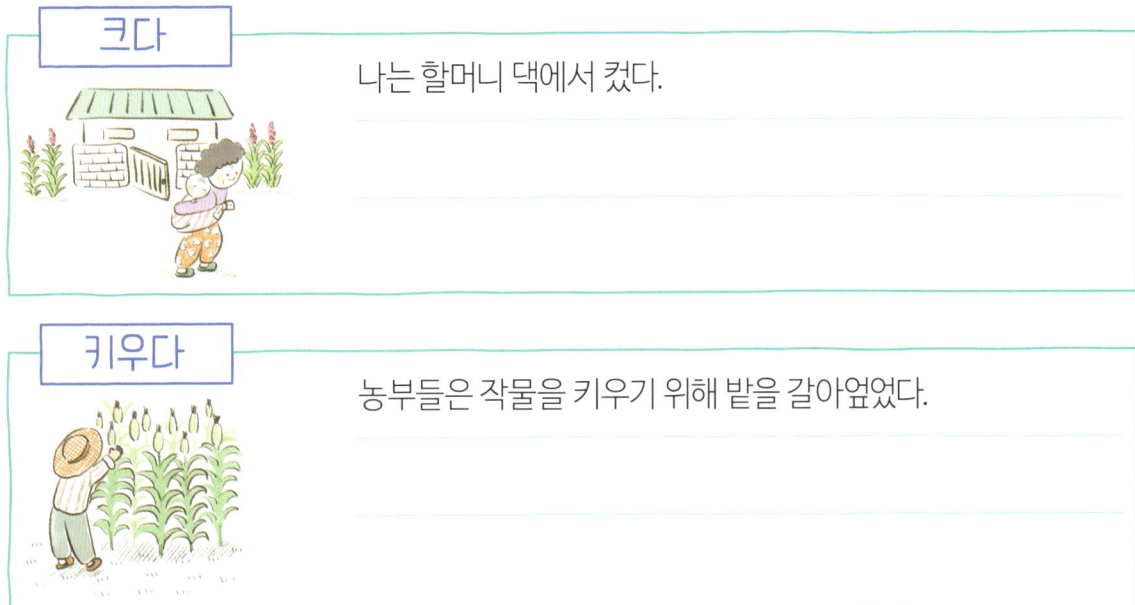

2 제시된 움직씨를 적절하게 바꿔 문장을 만들어 보세요. 처음 만든 문장에 이어지는 문장을 만들어도 됩니다. 생각나지 않으면 정답지의 예시 문장을 참고해 주세요.

켕기다

켜다

캐다

캐묻다

 # ㅌ으로 시작하는 움직씨

1 ㅌ으로 시작하는 움직씨를 적절하게 바꿔 문장을 만들어 보세요.
예시 문장에 이어지는 문장을 만들어도 됩니다.

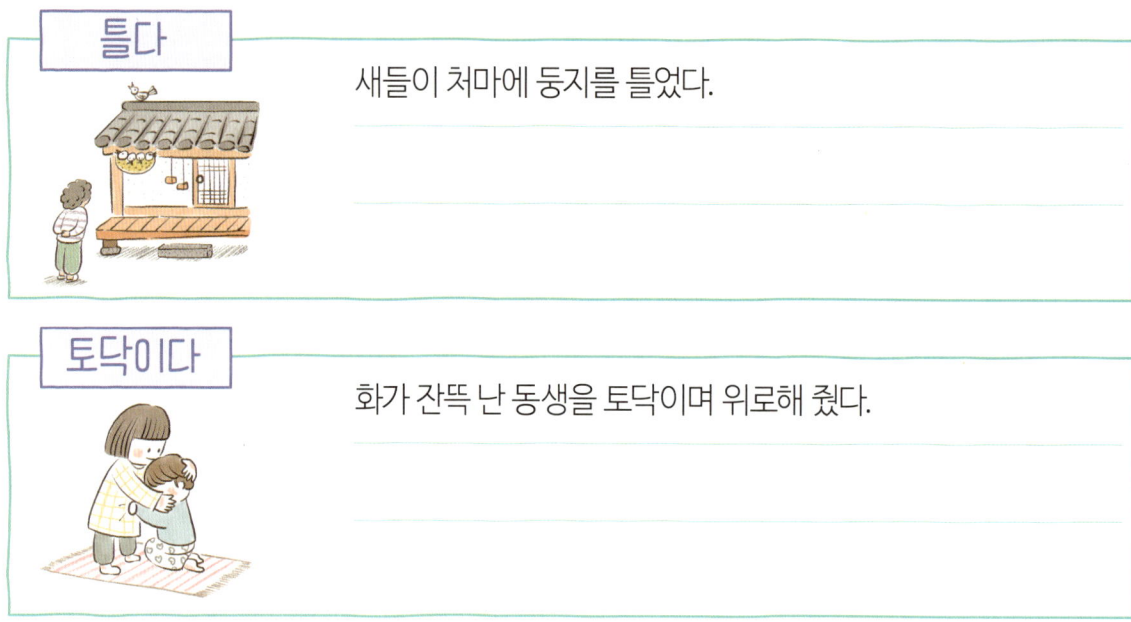

틀다
새들이 처마에 둥지를 틀었다.

토닥이다
화가 잔뜩 난 동생을 토닥이며 위로해 줬다.

2 제시된 움직씨를 적절하게 바꿔 문장을 만들어 보세요. 처음 만든 문장에 이어지는 문장을 만들어도 됩니다. 생각나지 않으면 정답지의 예시 문장을 참고해 주세요.

태우다

토라지다

통하다

틀어지다

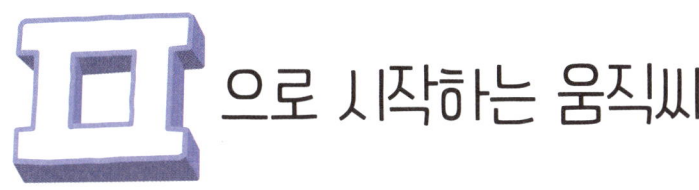 으로 시작하는 움직씨

1 ㅍ으로 시작하는 움직씨를 적절하게 바꿔 문장을 만들어 보세요.
예시 문장에 이어지는 문장을 만들어도 됩니다.

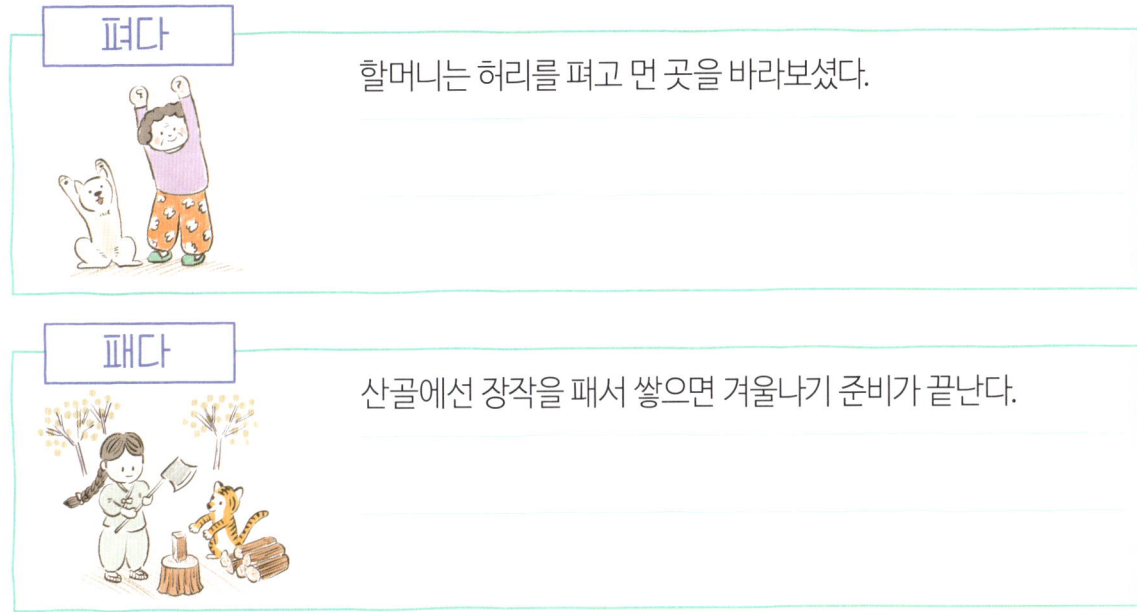

펴다 — 할머니는 허리를 펴고 먼 곳을 바라보셨다.

패다 — 산골에선 장작을 패서 쌓으면 겨울나기 준비가 끝난다.

2 제시된 움직씨를 적절하게 바꿔 문장을 만들어 보세요. 처음 만든 문장에 이어지는 문장을 만들어도 됩니다. 생각나지 않으면 정답지의 예시 문장을 참고해 주세요.

피다

품다

파고들다

펼치다

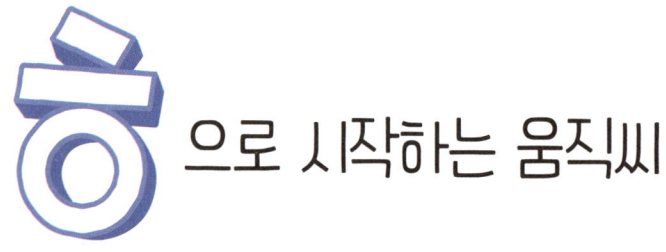 으로 시작하는 움직씨

1 ㅎ으로 시작하는 움직씨를 적절하게 바꿔 문장을 만들어 보세요. 예시 문장에 이어지는 문장을 만들어도 됩니다.

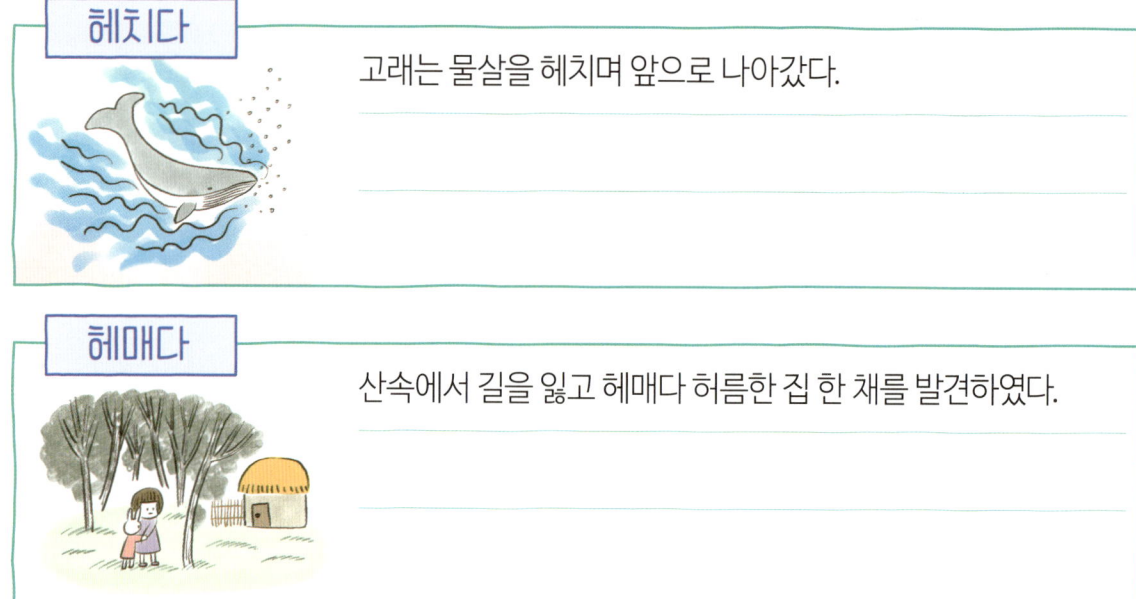

헤치다 — 고래는 물살을 헤치며 앞으로 나아갔다.

헤매다 — 산속에서 길을 잃고 헤매다 허름한 집 한 채를 발견하였다.

2 제시된 움직씨를 적절하게 바꿔 문장을 만들어 보세요. 처음 만든 문장에 이어지는 문장을 만들어도 됩니다. 생각나지 않으면 정답지의 예시 문장을 참고해 주세요.

해치다

허물다

훑어보다

헷갈리다

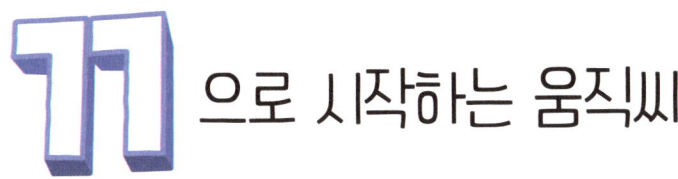으로 시작하는 움직씨

1 ㄲ으로 시작하는 움직씨를 적절하게 바꿔 문장을 만들어 보세요.
예시 문장에 이어지는 문장을 만들어도 됩니다.

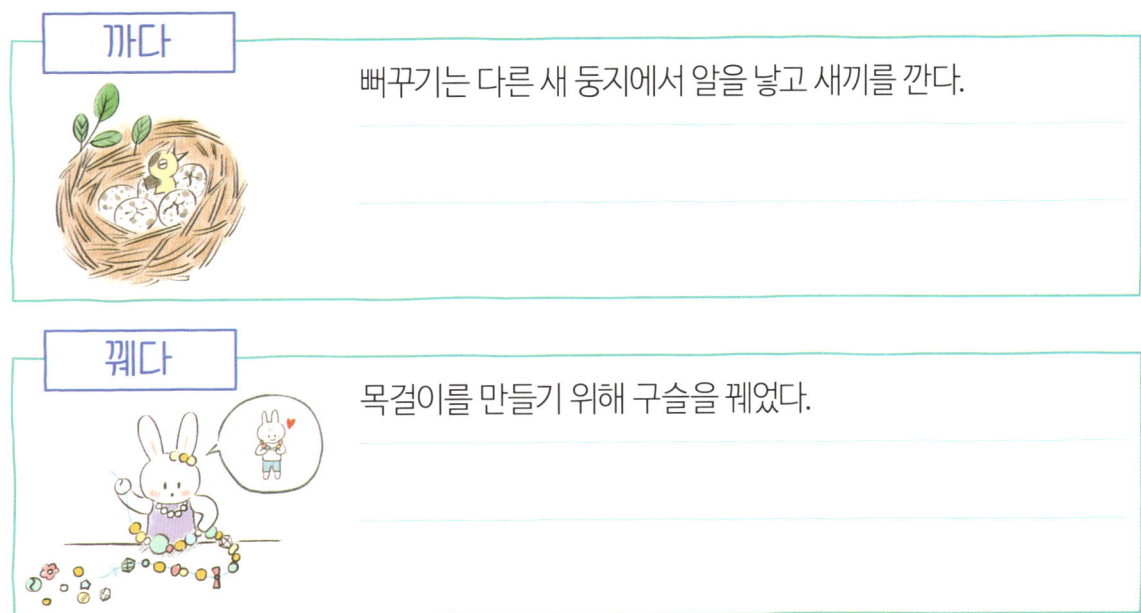

까다
뻐꾸기는 다른 새 둥지에서 알을 낳고 새끼를 깐다.

꿰다
목걸이를 만들기 위해 구슬을 꿰었다.

2 제시된 움직씨를 적절하게 바꿔 문장을 만들어 보세요. 처음 만든 문장에 이어지는 문장을 만들어도 됩니다. 생각나지 않으면 정답지의 예시 문장을 참고해 주세요.

꾸다

꾸미다

깨다

깨닫다

45

으로 시작하는 움직씨

1 ㄸ으로 시작하는 움직씨를 적절하게 바꿔 문장을 만들어 보세요.
예시 문장에 이어지는 문장을 만들어도 됩니다.

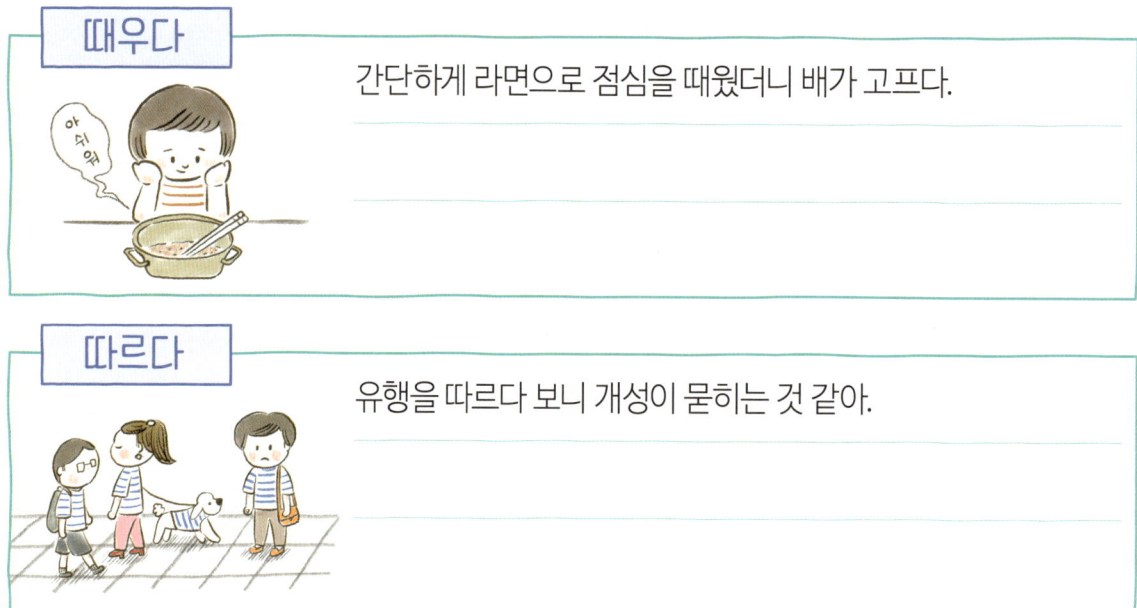

| 때우다 | 간단하게 라면으로 점심을 때웠더니 배가 고프다. |

| 따르다 | 유행을 따르다 보니 개성이 묻히는 것 같아. |

2 제시된 움직씨를 적절하게 바꿔 문장을 만들어 보세요. 처음 만든 문장에 이어지는 문장을 만들어도 됩니다. 생각나지 않으면 정답지의 예시 문장을 참고해 주세요.

| 띠다 | |

| 뛰어가다 | |

| 뚫다 | |

| 띄우다 | |

으로 시작하는 움직씨

1. ㅉ으로 시작하는 움직씨를 적절하게 바꿔 문장을 만들어 보세요.
   예시 문장에 이어지는 문장을 만들어도 됩니다.

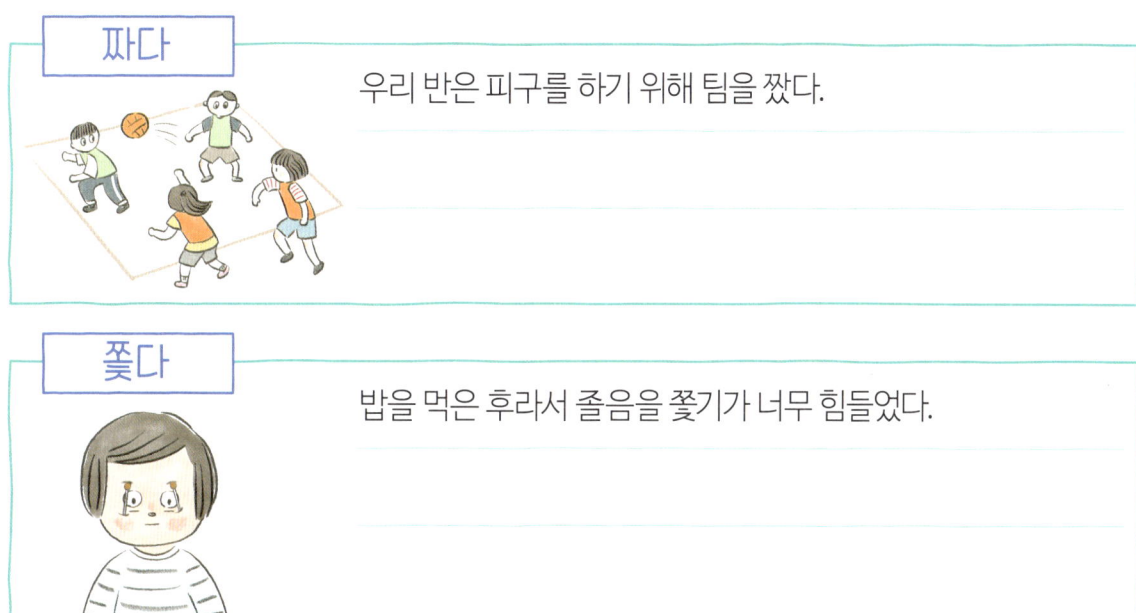

   짜다
   우리 반은 피구를 하기 위해 팀을 짰다.

   쫓다
   밥을 먹은 후라서 졸음을 쫓기가 너무 힘들었다.

2. 제시된 움직씨를 적절하게 바꿔 문장을 만들어 보세요. 처음 만든 문장에 이어지는 문장을 만들어도 됩니다. 생각나지 않으면 정답지의 예시 문장을 참고해 주세요.

   쪼다

   쪼들리다

   찌푸리다

   쭈뼛거리다

 으로 시작하는 움직씨

1. **ㅃ**으로 시작하는 움직씨를 적절하게 바꿔 문장을 만들어 보세요. 예시 문장에 이어지는 문장을 만들어도 됩니다.

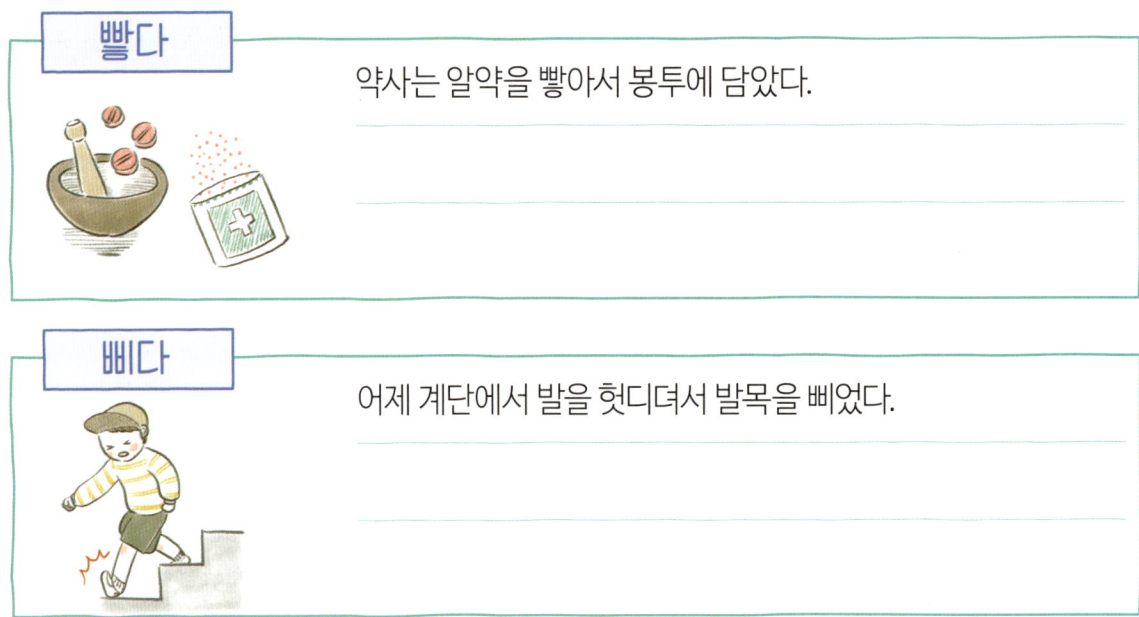

2. 제시된 움직씨를 적절하게 바꿔 문장을 만들어 보세요. 처음 만든 문장에 이어지는 문장을 만들어도 됩니다. 생각나지 않으면 정답지의 예시 문장을 참고해 주세요.

숨은그림찾기

- 다음 그림에서 보기에 있는 낱말을 찾아 동그라미 하세요.

보기

국자   팽이   조개   나비   비행기
돌도끼   붓   컵   칫솔   편지봉투

그림씨로 문장 쓰기

 으로 시작하는 그림씨

> 그림씨는 그림을 보는 것처럼 상태나 성질을 나타내는 낱말입니다. '형용사'라고도 해요.

1 ㄱ으로 시작하는 그림씨를 적절하게 바꿔 문장을 만들어 보세요. 예시 문장에 이어지는 문장을 만들어도 됩니다.

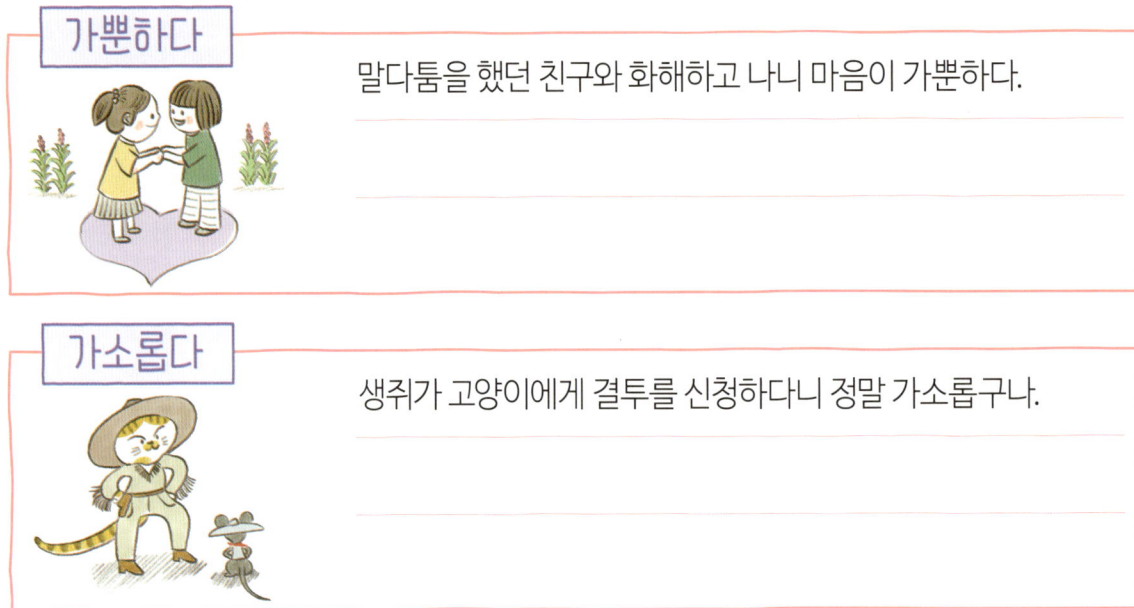

가뿐하다
말다툼을 했던 친구와 화해하고 나니 마음이 가뿐하다.

가소롭다
생쥐가 고양이에게 결투를 신청하다니 정말 가소롭구나.

2 제시된 그림씨를 적절하게 바꿔 문장을 만들어 보세요. 처음 만든 문장에 이어지는 문장을 만들어도 됩니다. 생각나지 않으면 정답지의 예시 문장을 참고해 주세요.

거추장스럽다

거북하다

가냘프다

괴팍하다

 으로 시작하는 그림씨

1 ㄴ으로 시작하는 그림씨를 적절하게 바꿔 문장을 만들어 보세요.
예시 문장에 이어지는 문장을 만들어도 됩니다.

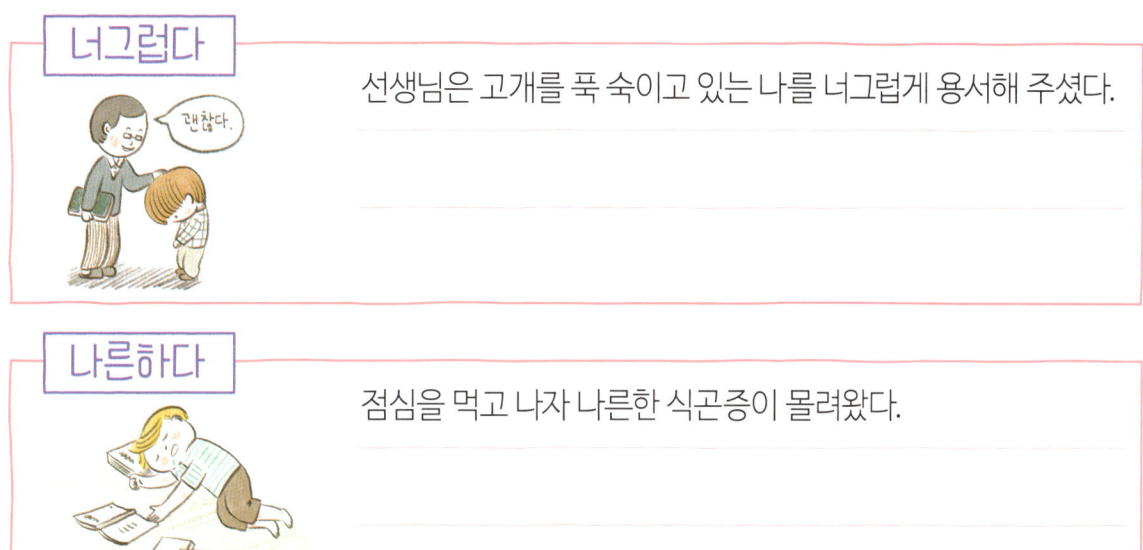

너그럽다
선생님은 고개를 푹 숙이고 있는 나를 너그럽게 용서해 주셨다.

나른하다
점심을 먹고 나자 나른한 식곤증이 몰려왔다.

2 제시된 그림씨를 적절하게 바꿔 문장을 만들어 보세요. 처음 만든 문장에 이어지는 문장을 만들어도 됩니다. 생각나지 않으면 정답지의 예시 문장을 참고해 주세요.

난데없다

느긋하다

눅눅하다

넉넉하다

ㄷ으로 시작하는 그림씨

1 ㄷ으로 시작하는 그림씨를 적절하게 바꿔 문장을 만들어 보세요.
예시 문장에 이어지는 문장을 만들어도 됩니다.

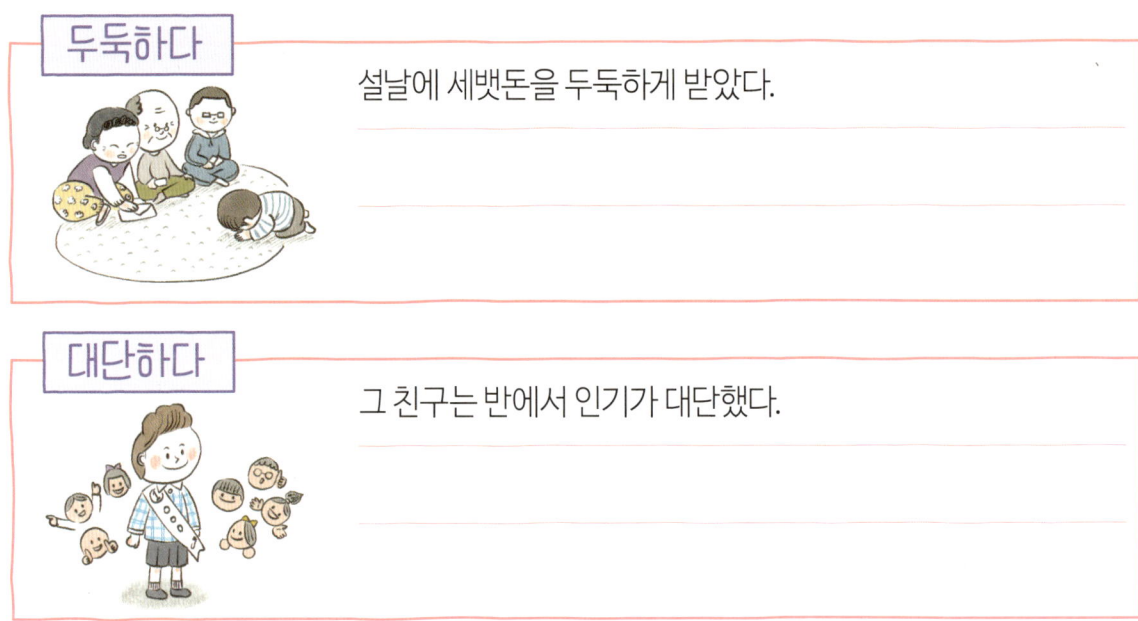

두둑하다 — 설날에 세뱃돈을 두둑하게 받았다.

대단하다 — 그 친구는 반에서 인기가 대단했다.

2 제시된 그림씨를 적절하게 바꿔 문장을 만들어 보세요. 처음 만든 문장에 이어지는 문장을 만들어도 됩니다. 생각나지 않으면 정답지의 예시 문장을 참고해 주세요.

대견하다

두툼하다

듬직하다

덜렁대다

 으로 시작하는 그림씨

1 ㅁ으로 시작하는 그림씨를 적절하게 바꿔 문장을 만들어 보세요.
예시 문장에 이어지는 문장을 만들어도 됩니다.

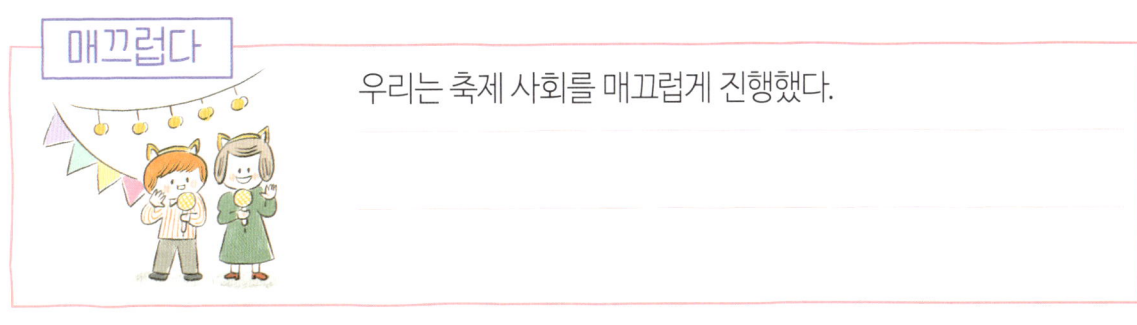

2 제시된 그림씨를 적절하게 바꿔 문장을 만들어 보세요. 처음 만든 문장에 이어지는 문장을 만들어도 됩니다. 생각나지 않으면 정답지의 예시 문장을 참고해 주세요.

으로 시작하는 그림씨

1 ㅂ으로 시작하는 그림씨를 적절하게 바꿔 문장을 만들어 보세요.
예시 문장에 이어지는 문장을 만들어도 됩니다.

2 제시된 그림씨를 적절하게 바꿔 문장을 만들어 보세요. 처음 만든 문장에 이어지는 문장을 만들어도 됩니다. 생각나지 않으면 정답지의 예시 문장을 참고해 주세요.

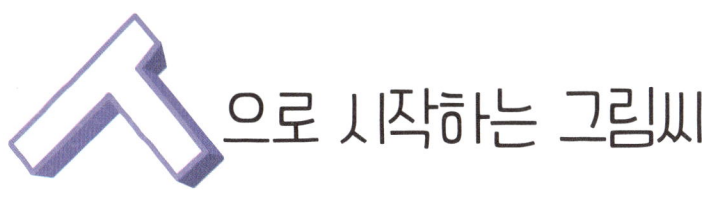으로 시작하는 그림씨

1 ㅅ으로 시작하는 그림씨를 적절하게 바꿔 문장을 만들어 보세요.
예시 문장에 이어지는 문장을 만들어도 됩니다.

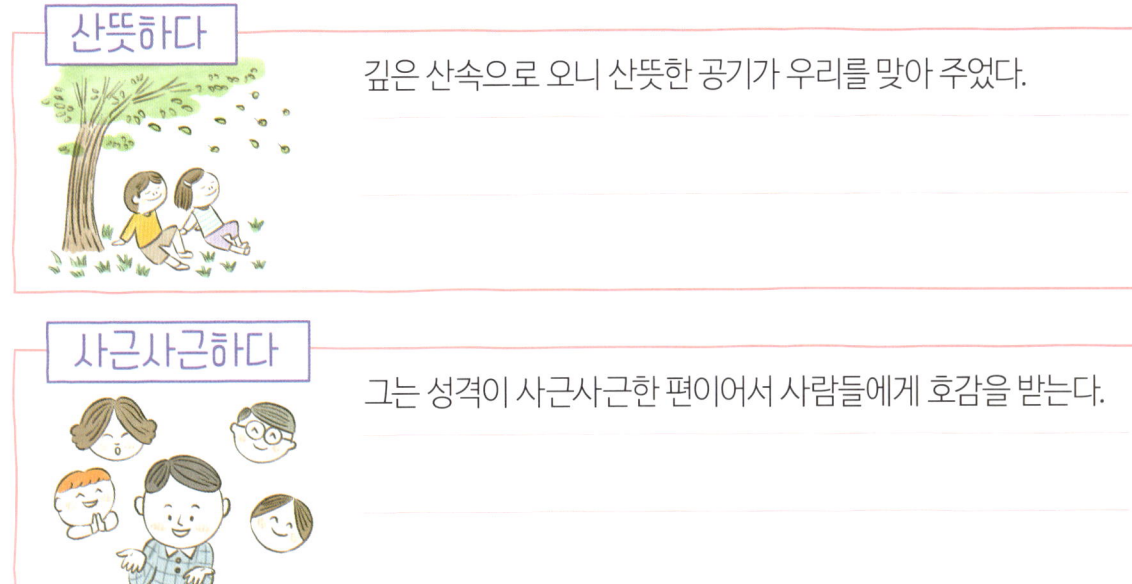

산뜻하다
깊은 산속으로 오니 산뜻한 공기가 우리를 맞아 주었다.

사근사근하다
그는 성격이 사근사근한 편이어서 사람들에게 호감을 받는다.

2 제시된 그림씨를 적절하게 바꿔 문장을 만들어 보세요. 처음 만든 문장에 이어지는 문장을 만들어도 됩니다. 생각나지 않으면 정답지의 예시 문장을 참고해 주세요.

사소하다

서늘하다

성가시다

생소하다

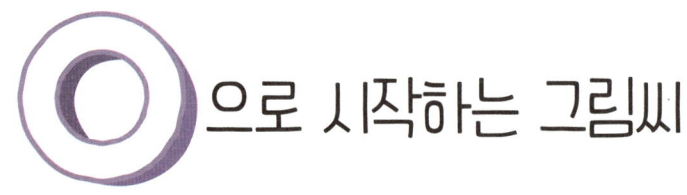으로 시작하는 그림씨

1 ㅇ으로 시작하는 그림씨를 적절하게 바꿔 문장을 만들어 보세요.
예시 문장에 이어지는 문장을 만들어도 됩니다.

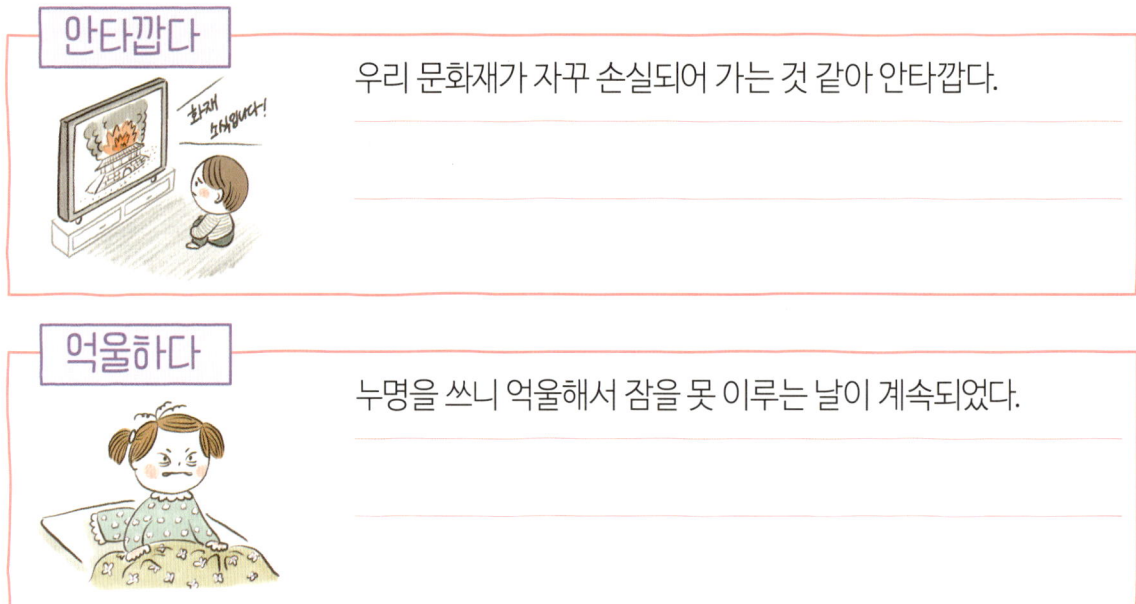

2 제시된 그림씨를 적절하게 바꿔 문장을 만들어 보세요. 처음 만든 문장에 이어지는 문장을 만들어도 됩니다. 생각나지 않으면 정답지의 예시 문장을 참고해 주세요.

ㅈ으로 시작하는 그림씨

1 ㅈ으로 시작하는 그림씨를 적절하게 바꿔 문장을 만들어 보세요.
예시 문장에 이어지는 문장을 만들어도 됩니다.

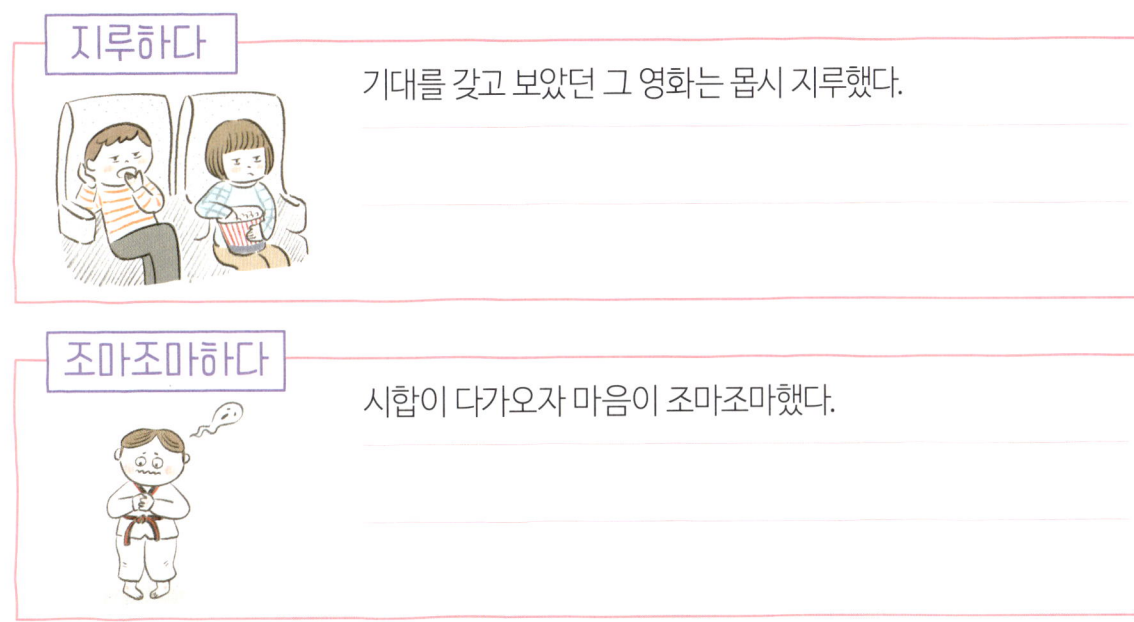

| 지루하다 | 기대를 갖고 보았던 그 영화는 몹시 지루했다. |
| 조마조마하다 | 시합이 다가오자 마음이 조마조마했다. |

2 제시된 그림씨를 적절하게 바꿔 문장을 만들어 보세요. 처음 만든 문장에 이어지는 문장을 만들어도 됩니다. 생각나지 않으면 정답지의 예시 문장을 참고해 주세요.

쟁쟁하다

적막하다

지긋하다

짖궂다

ㅊ으로 시작하는 그림씨

1 ㅊ으로 시작하는 그림씨를 적절하게 바꿔 문장을 만들어 보세요.
예시 문장에 이어지는 문장을 만들어도 됩니다.

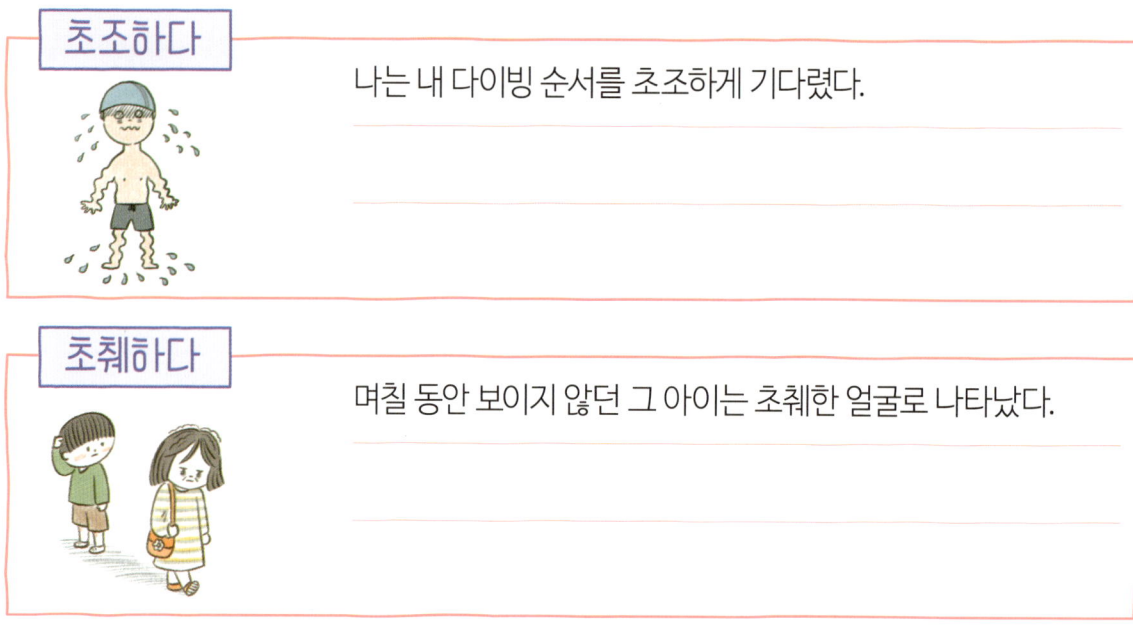

초조하다
나는 내 다이빙 순서를 초조하게 기다렸다.

초췌하다
며칠 동안 보이지 않던 그 아이는 초췌한 얼굴로 나타났다.

2 제시된 그림씨를 적절하게 바꿔 문장을 만들어 보세요. 처음 만든 문장에 이어지는 문장을 만들어도 됩니다. 생각나지 않으면 정답지의 예시 문장을 참고해 주세요.

침착하다

청승맞다

초라하다

촘촘하다

 으로 시작하는 그림씨

1 ㅋ으로 시작하는 그림씨를 적절하게 바꿔 문장을 만들어 보세요.
예시 문장에 이어지는 문장을 만들어도 됩니다.

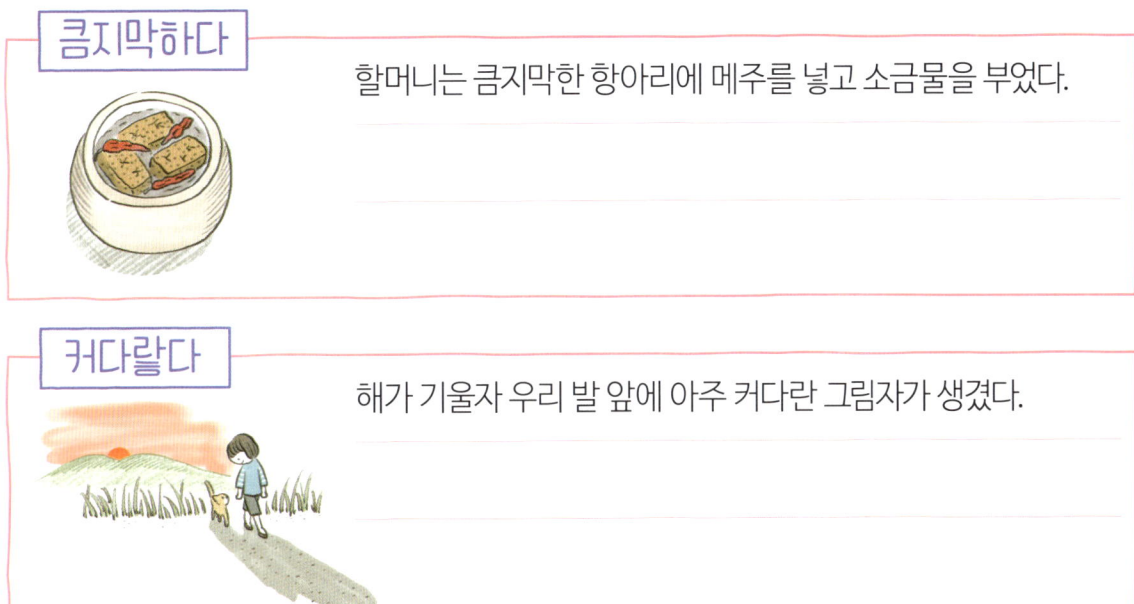

| 큼지막하다 | 할머니는 큼지막한 항아리에 메주를 넣고 소금물을 부었다. |

| 커다랗다 | 해가 기울자 우리 발 앞에 아주 커다란 그림자가 생겼다. |

2 제시된 그림씨를 적절하게 바꿔 문장을 만들어 보세요. 처음 만든 문장에 이어지는 문장을 만들어도 됩니다. 생각나지 않으면 정답지의 예시 문장을 참고해 주세요.

| 캄캄하다 | |

| 쾌활하다 | |

| 쾌청하다 | |

| 케케묵다 | |

으로 시작하는 그림씨

1. ㅌ으로 시작하는 그림씨를 적절하게 바꿔 문장을 만들어 보세요.
예시 문장에 이어지는 문장을 만들어도 됩니다.

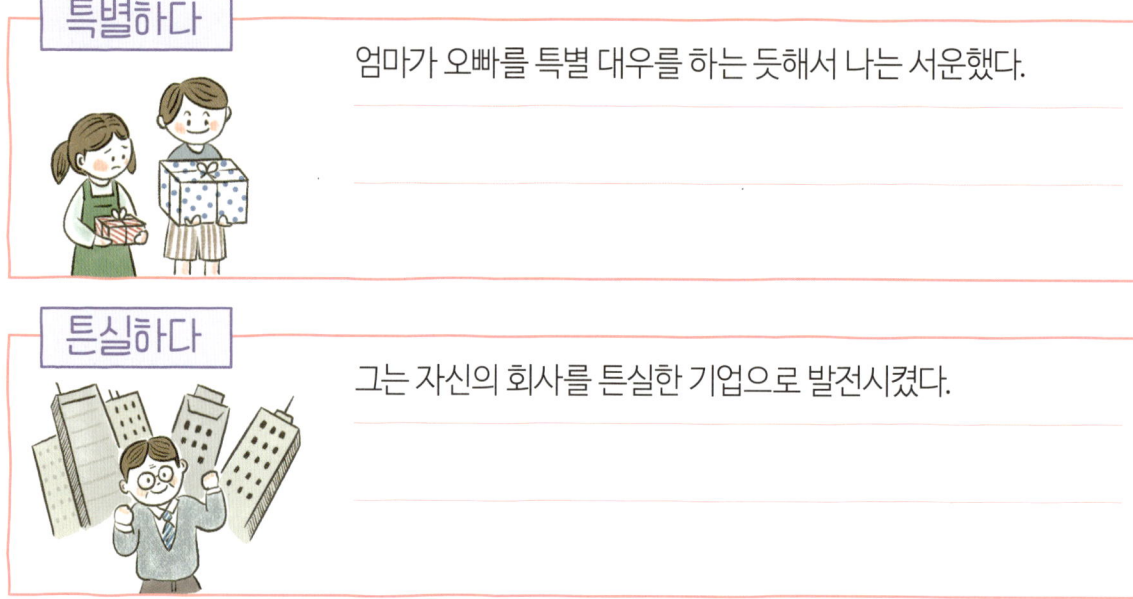

특별하다 — 엄마가 오빠를 특별 대우를 하는 듯해서 나는 서운했다.

튼실하다 — 그는 자신의 회사를 튼실한 기업으로 발전시켰다.

2. 제시된 그림씨를 적절하게 바꿔 문장을 만들어 보세요. 처음 만든 문장에 이어지는 문장을 만들어도 됩니다. 생각나지 않으면 정답지의 예시 문장을 참고해 주세요.

퉁명스럽다

탁월하다

태연하다

텁수룩하다

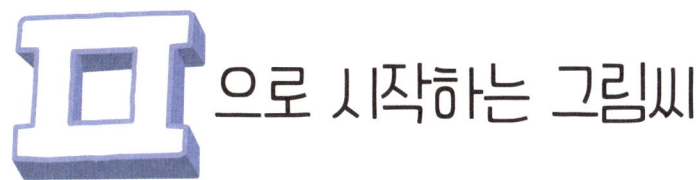 으로 시작하는 그림씨

1 ㅍ으로 시작하는 그림씨를 적절하게 바꿔 문장을 만들어 보세요.
예시 문장에 이어지는 문장을 만들어도 됩니다.

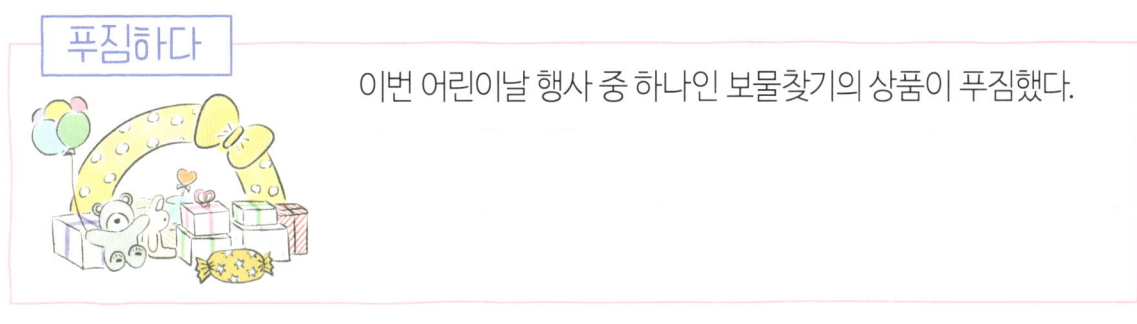

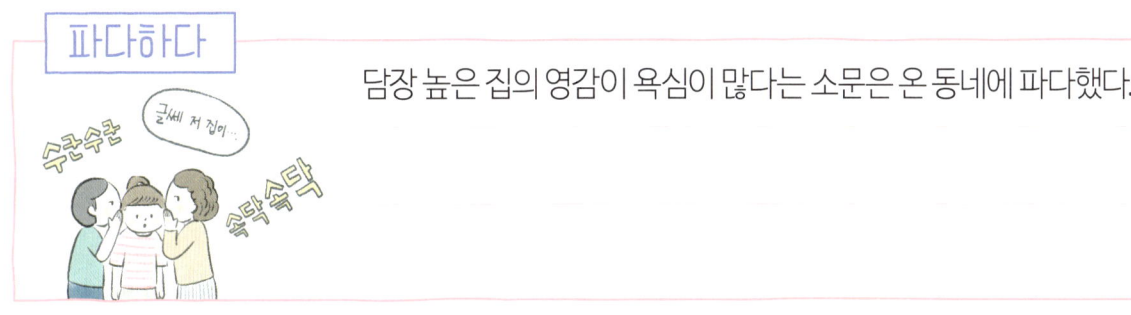

2 제시된 그림씨를 적절하게 바꿔 문장을 만들어 보세요. 처음 만든 문장에 이어지는 문장을 만들어도 됩니다. 생각나지 않으면 정답지의 예시 문장을 참고해 주세요.

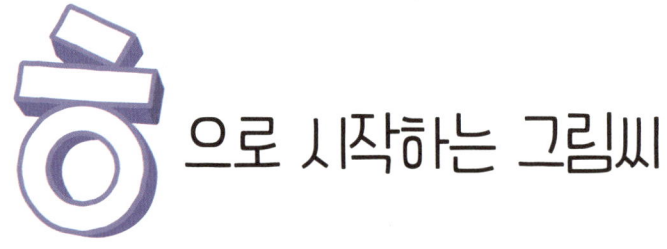 으로 시작하는 그림씨

1 ㅎ으로 시작하는 그림씨를 적절하게 바꿔 문장을 만들어 보세요.
예시 문장에 이어지는 문장을 만들어도 됩니다.

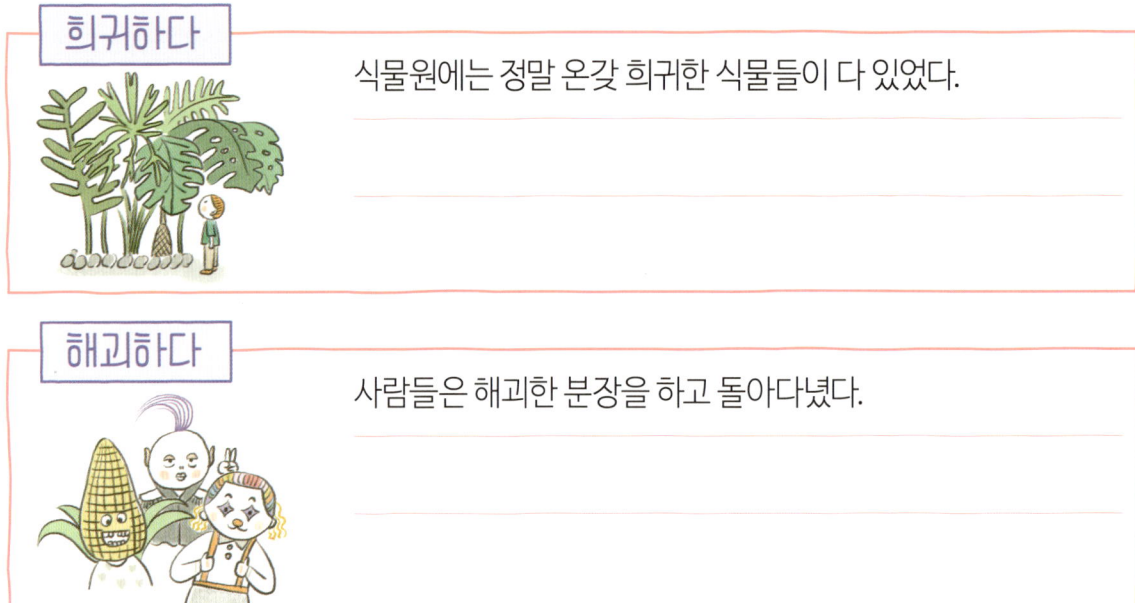

희귀하다
식물원에는 정말 온갖 희귀한 식물들이 다 있었다.

해괴하다
사람들은 해괴한 분장을 하고 돌아다녔다.

2 제시된 그림씨를 적절하게 바꿔 문장을 만들어 보세요. 처음 만든 문장에 이어지는 문장을 만들어도 됩니다. 생각나지 않으면 정답지의 예시 문장을 참고해 주세요.

허술하다

후련하다

호화롭다

허무하다

 으로 시작하는 그림씨

1 ㄲ으로 시작하는 그림씨를 적절하게 바꿔 문장을 만들어 보세요.
예시 문장에 이어지는 문장을 만들어도 됩니다.

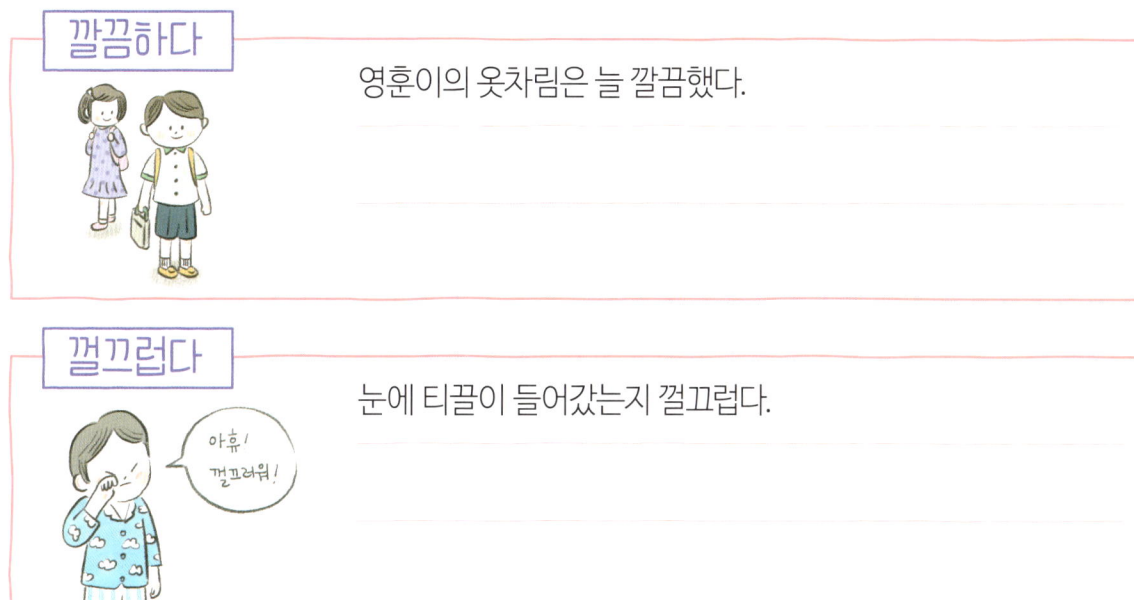

| 깔끔하다 | 영훈이의 옷차림은 늘 깔끔했다. |
| 껄끄럽다 | 눈에 티끌이 들어갔는지 껄끄럽다. |

2 제시된 그림씨를 적절하게 바꿔 문장을 만들어 보세요. 처음 만든 문장에 이어지는 문장을 만들어도 됩니다. 생각나지 않으면 정답지의 예시 문장을 참고해 주세요.

까다롭다	
까칠하다	
끈질기다	
꺼림칙하다	

 으로 시작하는 그림씨

1 **ㄸ**으로 시작하는 그림씨를 적절하게 바꿔 문장을 만들어 보세요.
예시 문장에 이어지는 문장을 만들어도 됩니다.

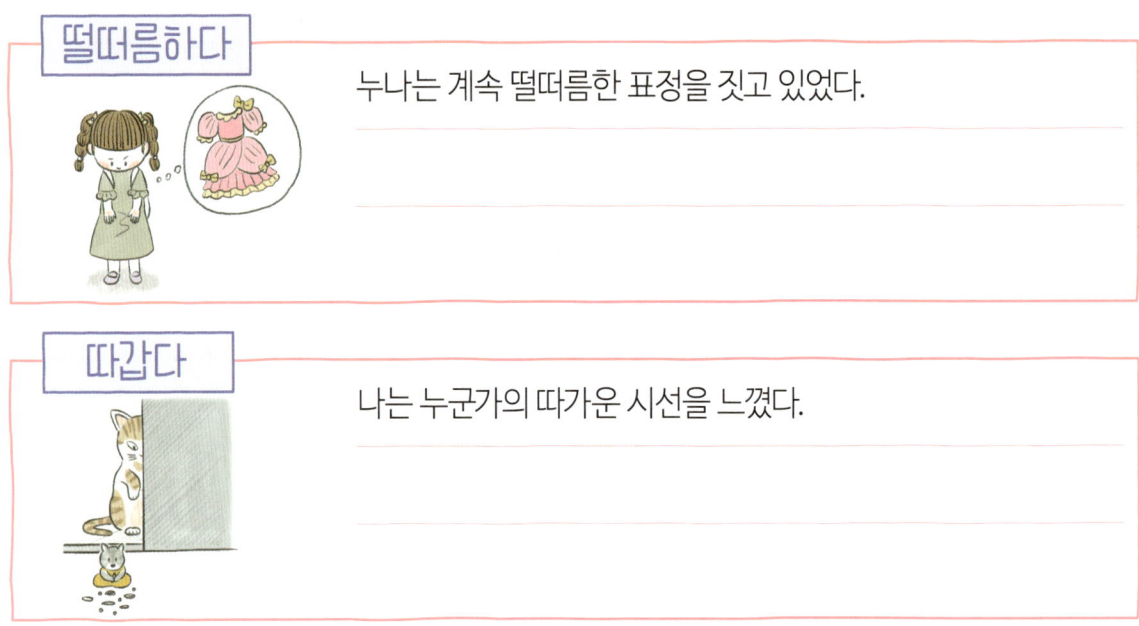

2 제시된 그림씨를 적절하게 바꿔 문장을 만들어 보세요. 처음 만든 문장에 이어지는 문장을 만들어도 됩니다. 생각나지 않으면 정답지의 예시 문장을 참고해 주세요.

으로 시작하는 그림씨

1 ㅃ으로 시작하는 그림씨를 적절하게 바꿔 문장을 만들어 보세요.
예시 문장에 이어지는 문장을 만들어도 됩니다.

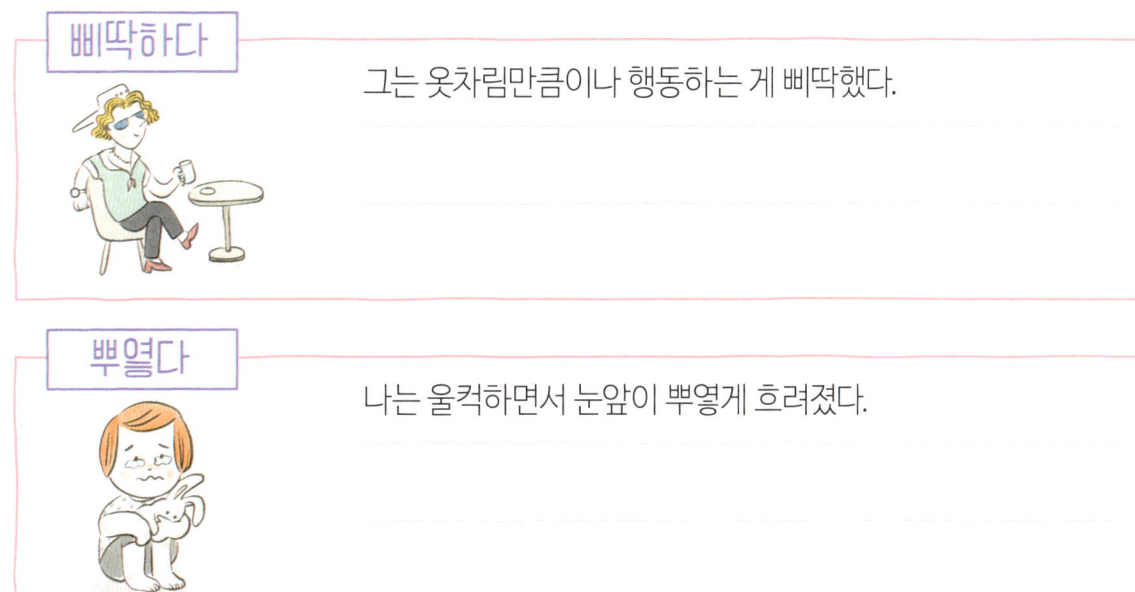

| 삐딱하다 | 그는 옷차림만큼이나 행동하는 게 삐딱했다. |
| 뿌옇다 | 나는 울컥하면서 눈앞이 뿌옇게 흐려졌다. |

2 제시된 그림씨를 적절하게 바꿔 문장을 만들어 보세요. 처음 만든 문장에 이어지는 문장을 만들어도 됩니다. 생각나지 않으면 정답지의 예시 문장을 참고해 주세요.

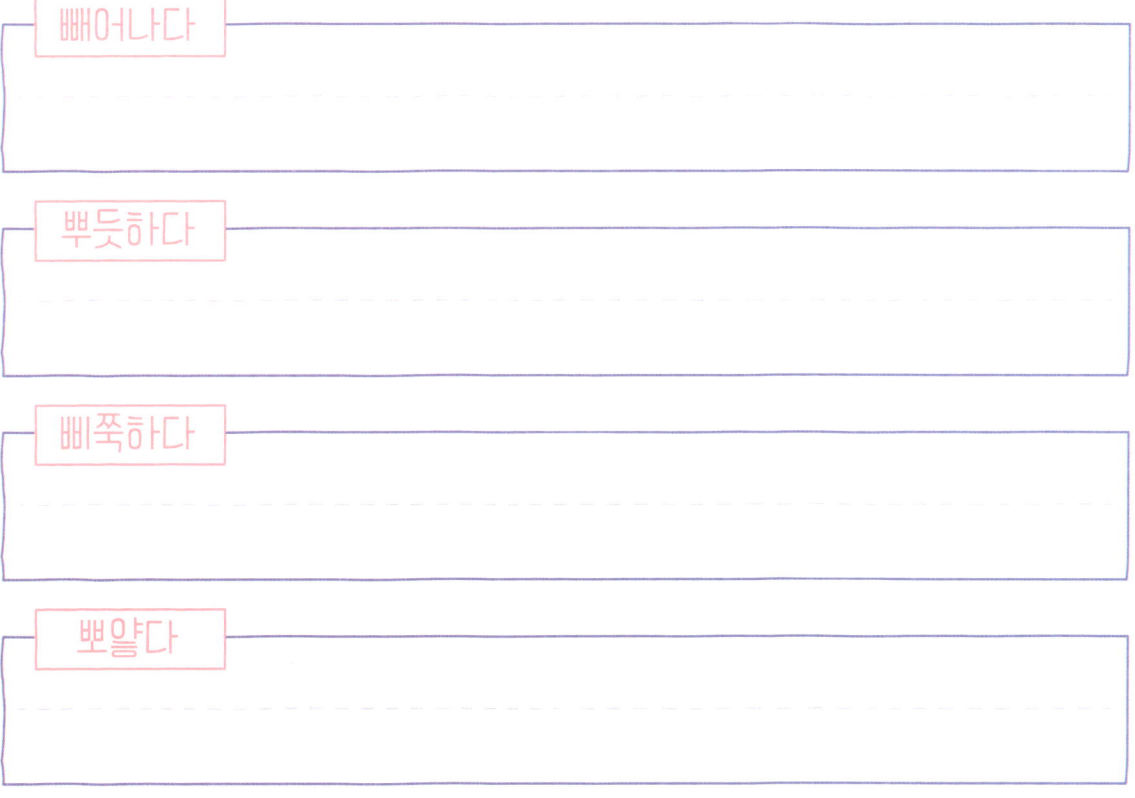

- 빼어나다
- 뿌듯하다
- 삐쭉하다
- 뽀얗다

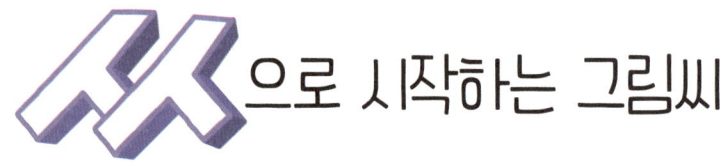으로 시작하는 그림씨

1 ㅆ으로 시작하는 그림씨를 적절하게 바꿔 문장을 만들어 보세요.
예시 문장에 이어지는 문장을 만들어도 됩니다.

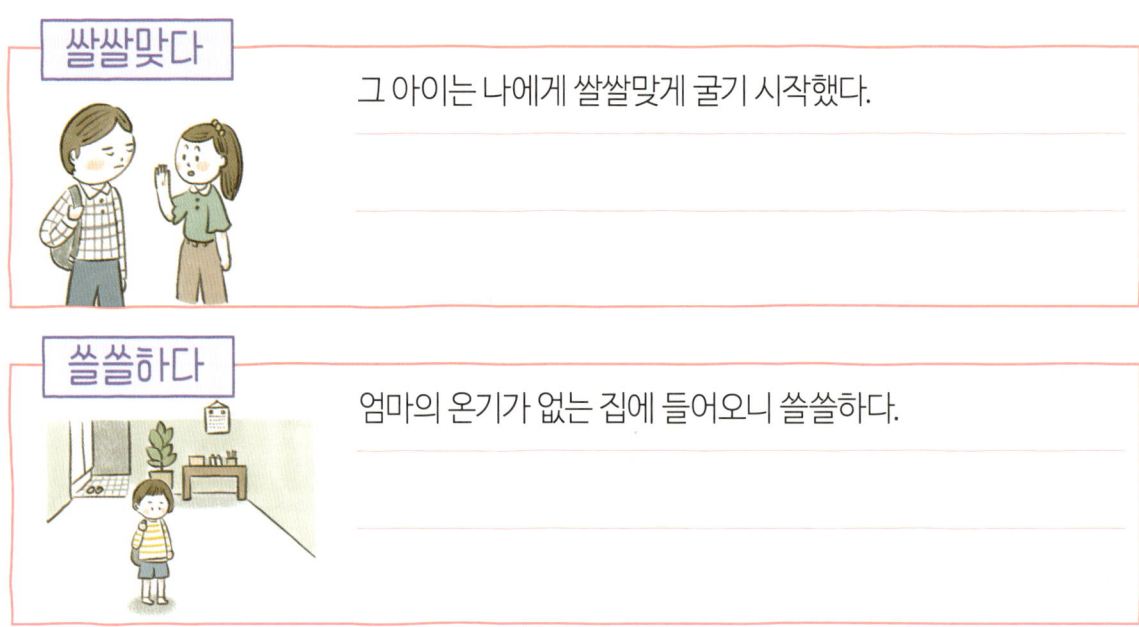

2 제시된 그림씨를 적절하게 바꿔 문장을 만들어 보세요. 처음 만든 문장에 이어지는 문장을 만들어도 됩니다. 생각나지 않으면 정답지의 예시 문장을 참고해 주세요.

 으로 시작하는 그림씨

1 ㅉ으로 시작하는 그림씨를 적절하게 바꿔 문장을 만들어 보세요.
예시 문장에 이어지는 문장을 만들어도 됩니다.

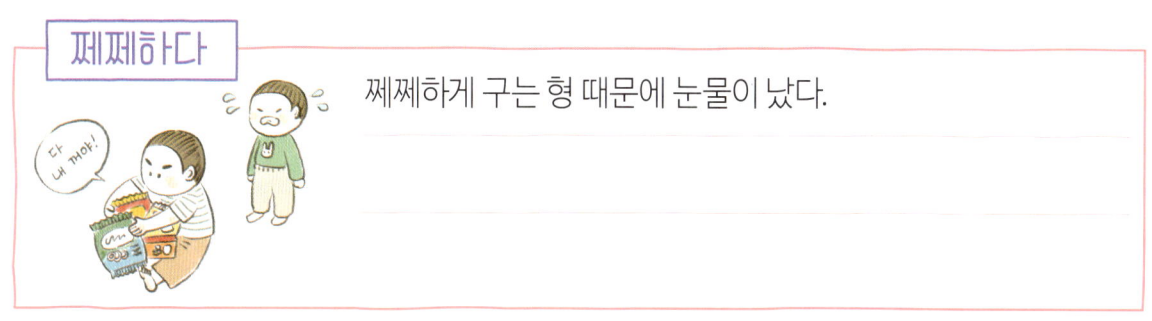

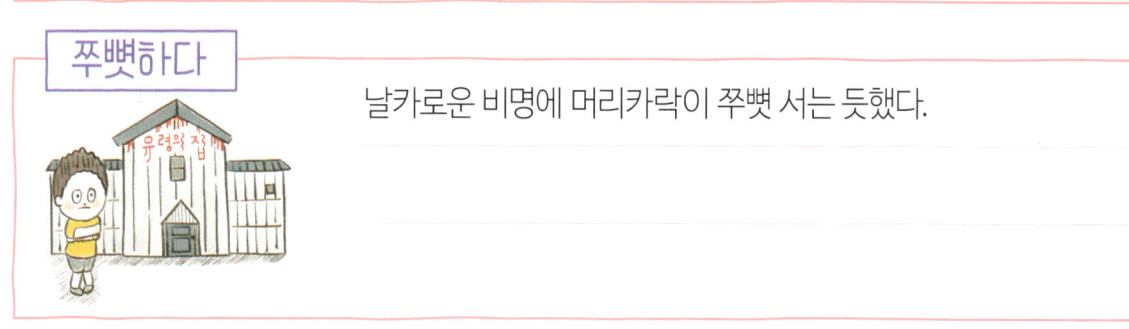

2 제시된 그림씨를 적절하게 바꿔 문장을 만들어 보세요. 처음 만든 문장에 이어지는 문장을 만들어도 됩니다. 생각나지 않으면 정답지의 예시 문장을 참고해 주세요.

짜릿하다

찜찜하다

짭짤하다

쩌렁쩌렁하다

글쓰기의 기본 문장 만들기

무엇이 + 어찌하다

비행기가 날아간다.

1 '무엇이 + 어찌하다' 형식의 문장을 만들어 보세요.
'어찌하다' 앞에 꾸며 주는 말을 넣어도 됩니다.

무엇이	어찌하다	만든 문장
동생	운다	동생이 운다.
	뛰어가다	
	쉬다	
	피다	
	오다	

2 '무엇이 + 어찌하다' 형식의 문장을 자유롭게 만들어 보세요.
처음 만든 문장에 이어지는 내용이면 더 좋습니다.

무엇이 + 무엇이다/아니다

나는 초등학생이다. 동생은 초등학생이 아니다.

1 '무엇이 + 무엇이다/아니다' 형식의 문장을 만들어 보세요.
'무엇이다/아니다' 앞에 꾸며 주는 말을 넣어도 됩니다.

무엇이	무엇이다/아니다	만든 문장
우리	형제	우리는 형제이다.
	범인	
	친구	
	들꽃	
	엄마	

2 '무엇이 + 무엇이다/아니다' 형식의 문장을 자유롭게 만들어 보세요.
처음 만든 문장에 이어지는 내용이면 더 좋습니다.

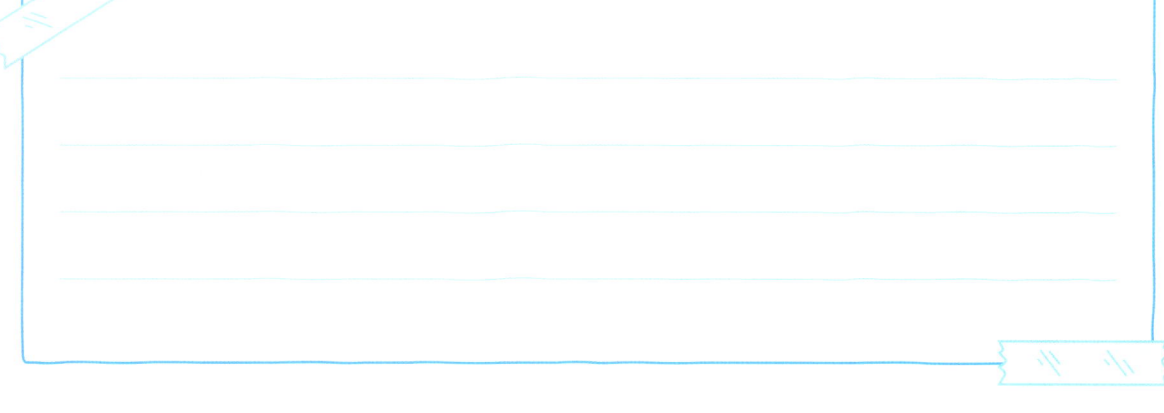

무엇이 + 어떠하다

떡볶이가 맛있다.

1 '무엇이 + 어떠하다' 형식의 문장을 만들어 보세요.
'어떠하다' 앞에 꾸며 주는 말을 넣어도 됩니다.

무엇이	어떠하다	만든 문장
딸기	달콤하다	딸기가 달콤하다.
	맵다	
	멋지다	
	깨끗하다	
	시원하다	

2 '무엇이 + 어떠하다' 형식의 문장을 자유롭게 만들어 보세요.
처음 만든 문장에 이어지는 내용이면 더 좋습니다.

무엇이 + 무엇을 + 어찌하다

아빠가 라면을 끓였다.

1 '무엇이 + 무엇을 + 어찌하다' 형식의 문장을 만들어 보세요.
'어찌하다' 앞에 꾸며 주는 말을 넣어도 됩니다.

무엇이	무엇을	어찌하다	만든 문장
엄마	책	읽다	엄마가 책을 읽는다.
		만나다	
		기다리다	
		고르다	
		얻다	

2 '무엇이 + 무엇을 + 어찌하다' 형식의 문장을 자유롭게 만들어 보세요.
처음 만든 문장에 이어지는 내용이면 더 좋습니다.

무엇이 + ~에/에서 + 어찌하다/어떠하다

사자가 도서관에 갔다.

1 '무엇이 + ~에/에서 + 어찌하다/어떠하다' 형식의 문장을 만들어 보세요.
'어찌하다/어떠하다' 앞에 꾸며 주는 말을 넣어도 됩니다.

무엇이	~에/에서	어찌하다/어떠하다	만든 문장
고양이	책장	자다	고양이가 책장 위에서 잠들었다.
		푸짐하다	
		많다	
		사다	
		만나다	

2 '무엇이 + ~에/에서 + 어찌하다/어떠하다' 형식의 문장을 자유롭게 만들어 보세요.
처음 만든 문장에 이어지는 내용이면 더 좋습니다.

무엇이 + ~에게 + 무엇을 + 어찌하다

짝꿍은 나에게 연필을 빌려주었다.

1. '무엇이 + ~에게 + 무엇을 + 어찌하다' 형식의 문장을 만들어 보세요.
   '어찌하다' 앞에 꾸며 주는 말을 넣어도 됩니다.

무엇이	~에게	무엇을	어찌하다	만든 문장
엄마	나	생일 선물	주다	엄마께서 나에게 생일 선물을 주셨다.
			보내다	
			먹이다	
			건네다	
			던지다	

2. '무엇이 + ~에게 + 무엇을 + 어찌하다' 형식의 문장을 자유롭게 만들어 보세요.
   처음 만든 문장에 이어지는 내용이면 더 좋습니다.

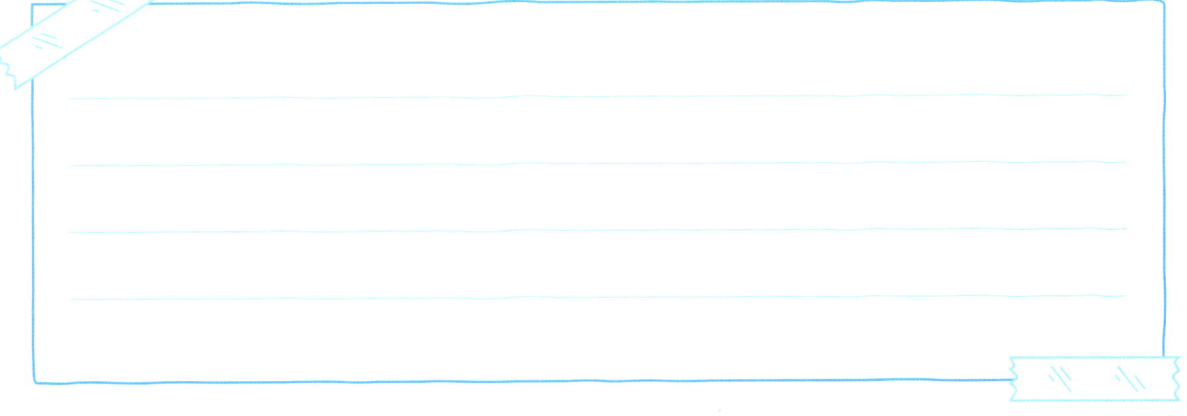

어떤 + 무엇이 + 어찌하다

노란 나비가 날아왔다.

1. '어떤 + 무엇이 + 어찌하다' 형식의 문장을 만들어 보세요.
   '어찌하다' 앞에 꾸며 주는 말을 넣어도 됩니다.

어떤	무엇이	어찌하다	만든 문장
무시무시한	괴물	나타나다	무시무시한 괴물이 나타났다.
		사라지다	
		피다	
		도망가다	
		태어나다	

2. '어떤 + 무엇이 + 어찌하다' 형식의 문장을 자유롭게 만들어 보세요.
   처음 만든 문장에 이어지는 내용이면 더 좋습니다.

무엇이 + 어떻게 + 어찌하다

봄비가 부슬부슬 내린다.

1 '무엇이 + 어떻게 + 어찌하다' 형식의 문장을 만들어 보세요.
'무엇이' 앞에 꾸며 주는 말을 넣어도 됩니다.

무엇이	어떻게	어찌하다	만든 문장
안개	서서히	걷히다	안개가 서서히 걷혔다.
		쏟아지다	
		들이닥치다	
		내려오다	
		올라간다	

2 '무엇이 + 어떻게 + 어찌하다' 형식의 문장을 자유롭게 만들어 보세요.
처음 만든 문장에 이어지는 내용이면 더 좋습니다.

무엇이 + 무엇이 + 되다/아니다

애벌레는 나비가 되었다.

1 '무엇이 + 무엇이 + 되다/아니다' 형식의 문장을 만들어 보세요.
'무엇이' 앞에 꾸며 주는 말을 넣어도 됩니다.

무엇이	무엇이	되다/아니다	만든 문장
나	선생님	되다	나는 선생님이 되었다.
		되다	
		아니다	
		아니다	
		되다	

2 '무엇이 + 무엇이 + 되다/아니다' 형식의 문장을 자유롭게 만들어 보세요.
처음 만든 문장에 이어지는 내용이면 더 좋습니다.

무엇이 + ~에서 + 무엇을 + 어찌하다

우리는 운동장에서 축구를 했다.

1. '무엇이 + ~에서 + 무엇을 + 어찌하다' 형식의 문장을 만들어 보세요.
   '무엇이' 앞에 꾸며 주는 말을 넣어도 됩니다.

무엇이	~에서	무엇을	어찌하다	만든 문장
나	놀이터	가방	잃다	나는 놀이터에서 가방을 잃어 버렸다.
			얻다	
			보다	
			안다	
			밀다	

2. '무엇이 + ~에서 + 무엇을 + 어찌하다' 형식의 문장을 자유롭게 만들어 보세요.
   처음 만든 문장에 이어지는 내용이면 더 좋습니다.

감탄사/부르는 말 + 무엇이 + 어찌하다/어떠하다

아아, 드디어 봄이 왔구나.

1 '감탄사/부르는 말 + 무엇이 + 어찌하다/어떠하다' 형식의 문장을 만들어 보세요.
'무엇이' 앞에 꾸며 주는 말을 넣어도 됩니다.

감탄사/부르는 말	무엇이	어찌하다/어떠하다	만든 문장
아이코	물	뜨겁다	아이코, 물이 뜨겁구나.
		따갑다	
		아프다	
		무섭다	
		슬프다	

2 '감탄사/부르는 말 + 무엇이 + 어찌하다/어떠하다' 형식의 문장을 자유롭게 만들어 보세요.
처음 만든 문장에 이어지는 내용이면 더 좋습니다.

다른 그림 찾기

- 위의 그림을 보고 아래의 그림에서 다른 곳 10개를 찾아 동그라미 하세요.

창의 표현
문장 만들기

창의 표현 문장 만들기 ①

● 제시된 서술 표현에 맞게 다양한 방법으로 표현해 보세요.
  제시된 표현을 직접 쓰지 않고 상황을 표현해야 합니다.

시끄럽게 알람소리가 울렸다.	

아침이 되다

네 계절이 지났다.	

일 년이 지나다

햇빛도 쬐고 달빛도 받으며	

밤낮으로

창의 표현 문장 만들기 ②

🟠 제시된 서술 표현에 맞게 다양한 방법으로 표현해 보세요.
제시된 표현을 직접 쓰지 않고 상황을 표현해야 합니다.

창의 표현 문장 만들기 ③

● 제시된 서술 표현에 맞게 다양한 방법으로 표현해 보세요.
제시된 표현을 직접 쓰지 않고 상황을 표현해야 합니다.

눈앞에 그 애 얼굴이 어른거렸다.

보고 싶다

구름 위를 걷는 기분이다.

기쁘다

등에서 큰 짐을 내려놓은 것처럼 가벼워졌다.

홀가분하다

창의 표현 문장 만들기 ❹

🟠 제시된 서술 표현에 맞게 다양한 방법으로 표현해 보세요.
제시된 표현을 직접 쓰지 않고 상황을 표현해야 합니다.

벌써부터 내 심장이 마구 방망이질을 한다.	

설렌다

멀리서 다가오는 그의 발소리가 들린 듯하다.	

기다린다

머리털이 쭈뼛 섰다.	

무섭다

창의 표현 문장 만들기 ⑤

● 제시된 서술 표현에 맞게 다양한 방법으로 표현해 보세요.
제시된 표현을 직접 쓰지 않고 상황을 표현해야 합니다.

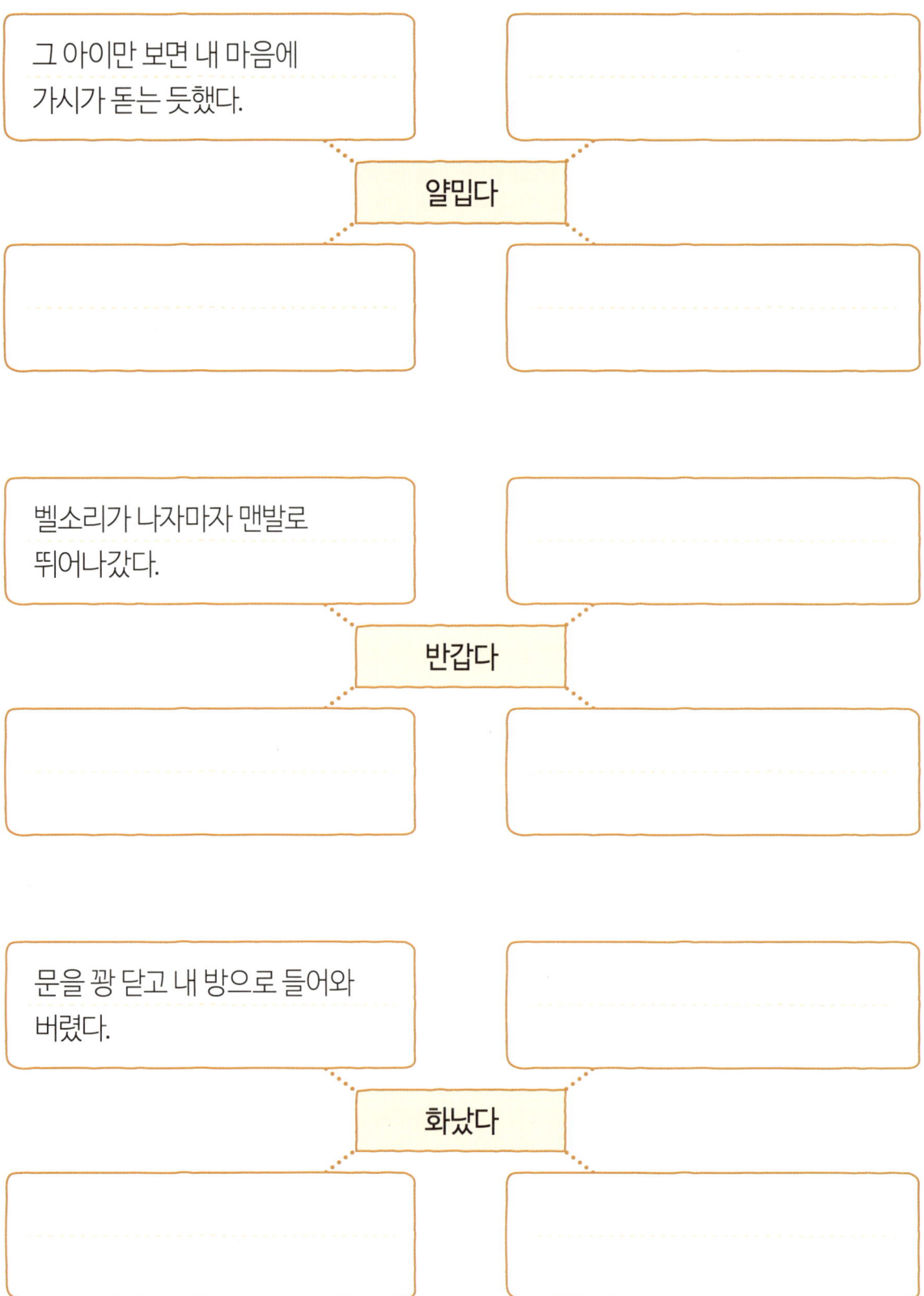

창의 표현 문장 만들기 ❻

● 제시된 서술 표현에 맞게 다양한 방법으로 표현해 보세요.
　제시된 표현을 직접 쓰지 않고 상황을 표현해야 합니다.

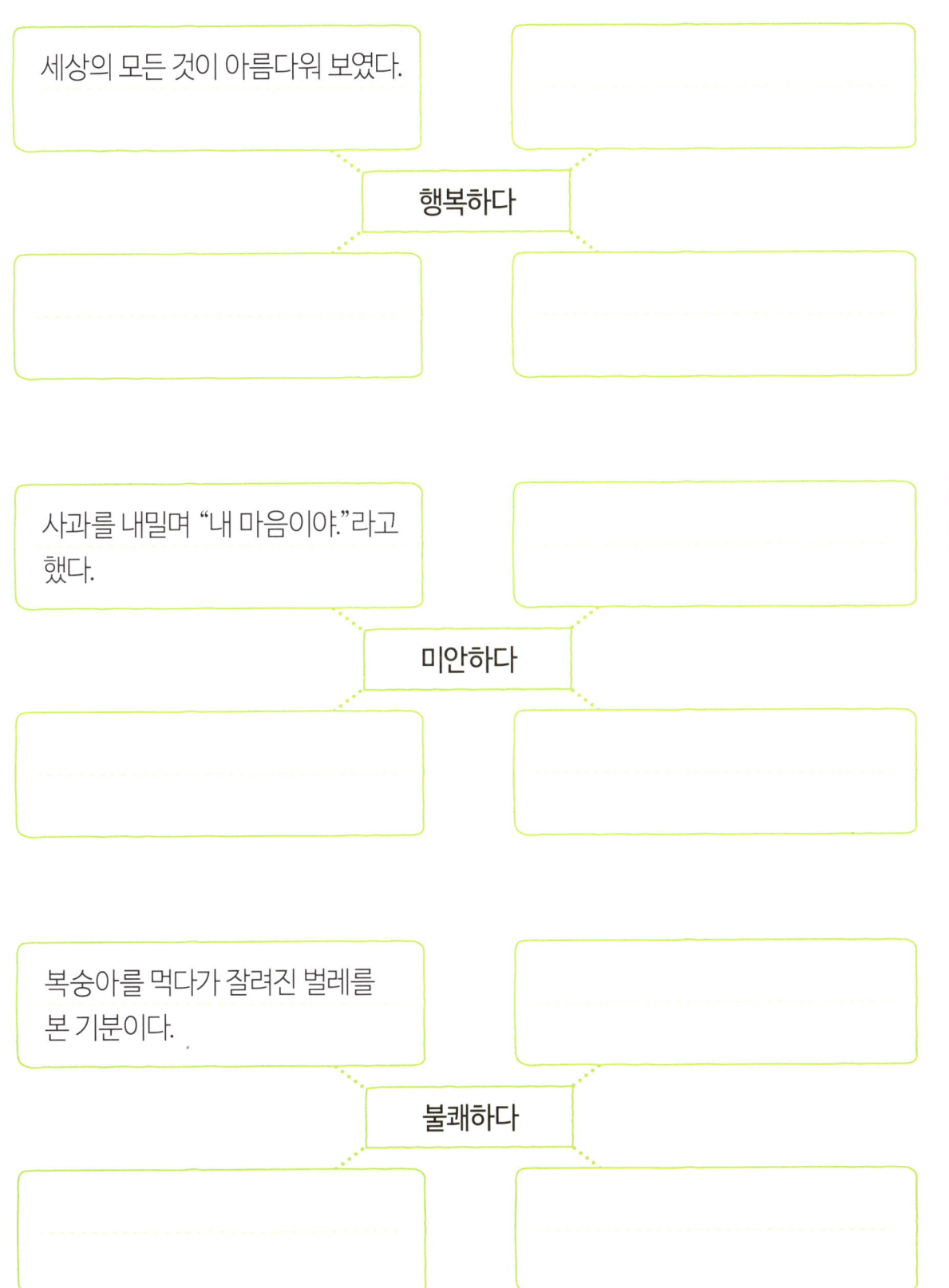

창의 표현 문장 만들기 ⑦

● 제시된 서술 표현에 맞게 다양한 방법으로 표현해 보세요.
제시된 표현을 직접 쓰지 않고 상황을 표현해야 합니다.

두 눈동자가 갈 곳을 잃고 흔들렸다.

불안하다

울음소리로 세상에 신고하다.

태어나다

손바닥에 땀이 흥건히 고였다.

긴장된다

창의 표현 문장 만들기 ⑧

🟠 제시된 서술 표현에 맞게 다양한 방법으로 표현해 보세요.
제시된 표현을 직접 쓰지 않고 상황을 표현해야 합니다.

늘 다음 끼니를 걱정하고 살았다.	

가난하다

그 아이를 떠올리면 내 볼이 저절로 빨개졌다.	

사랑한다

두 다리에 쇳덩이를 단 것처럼 무거웠다.	

피곤하다

창의 표현 문장 만들기 9

● 제시된 서술 표현에 맞게 다양한 방법으로 표현해 보세요.
제시된 표현을 직접 쓰지 않고 상황을 표현해야 합니다.

쥐구멍이라도 들어가고 싶었다.

창피하다

벼랑 끝에 서 있는 기분이다.

아슬아슬하다

갑자기 머릿속은 먹구름으로 가득 차는 듯했다.

걱정된다

창의 표현 문장 만들기 ⑩

○ 제시된 서술 표현에 맞게 다양한 방법으로 표현해 보세요.
제시된 표현을 직접 쓰지 않고 상황을 표현해야 합니다.

어깨가 저절로 쫙 펴졌다.	

자랑스럽다

내 몸속에 눈물이 가득 차올랐다.	

슬프다

두 주먹으로 눈물을 훔치며 상대를 노려봤다.	

억울하다

창의 표현 문장 만들기 ⑪

⭕ 제시된 서술 표현에 맞게 다양한 방법으로 표현해 보세요.
　제시된 표현을 직접 쓰지 않고 상황을 표현해야 합니다.

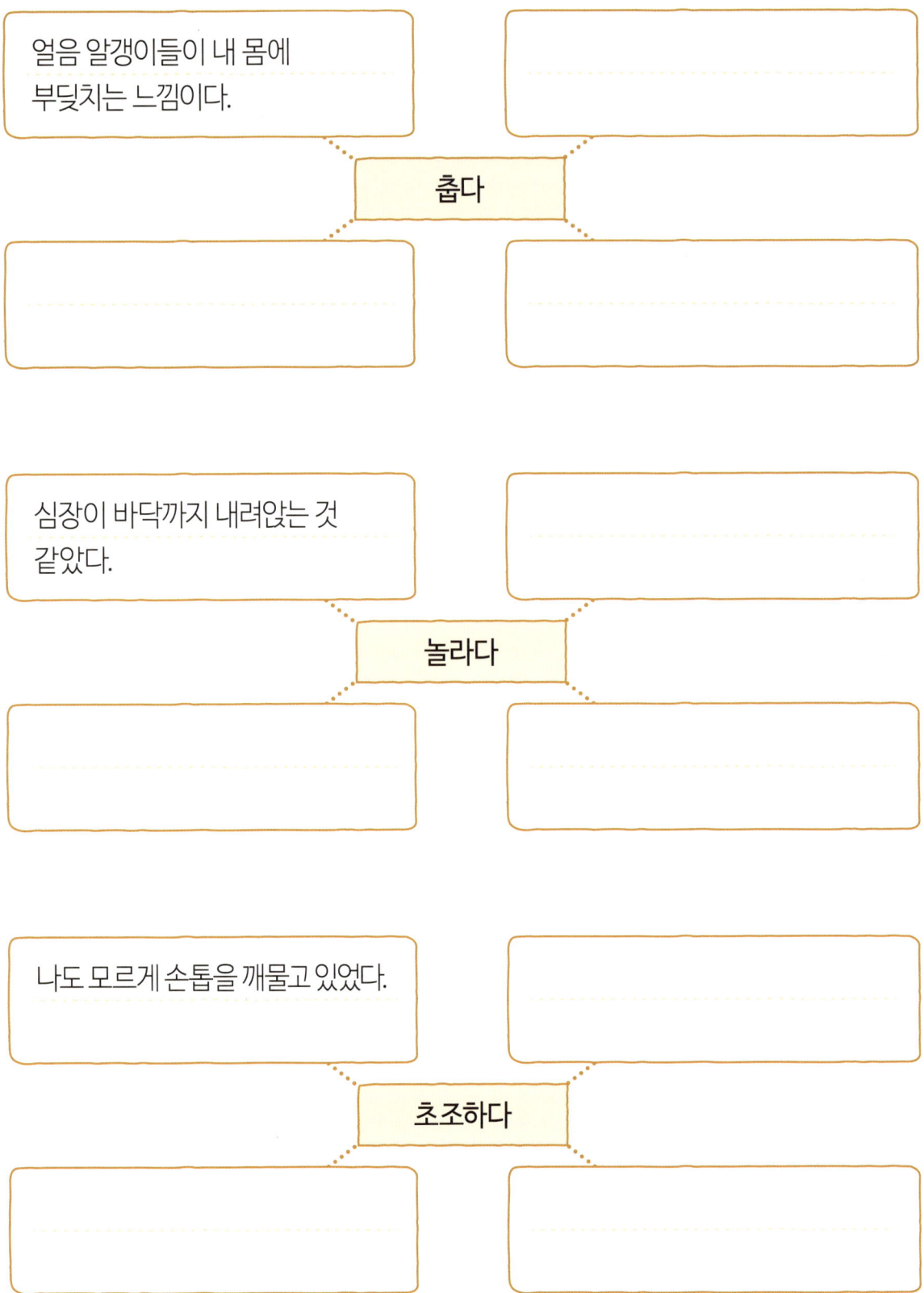

가로세로 낱말 퍼즐

• 가로 열쇠와 세로 열쇠를 읽고 낱말을 맞춰 가며 퍼즐을 풀어 보세요.

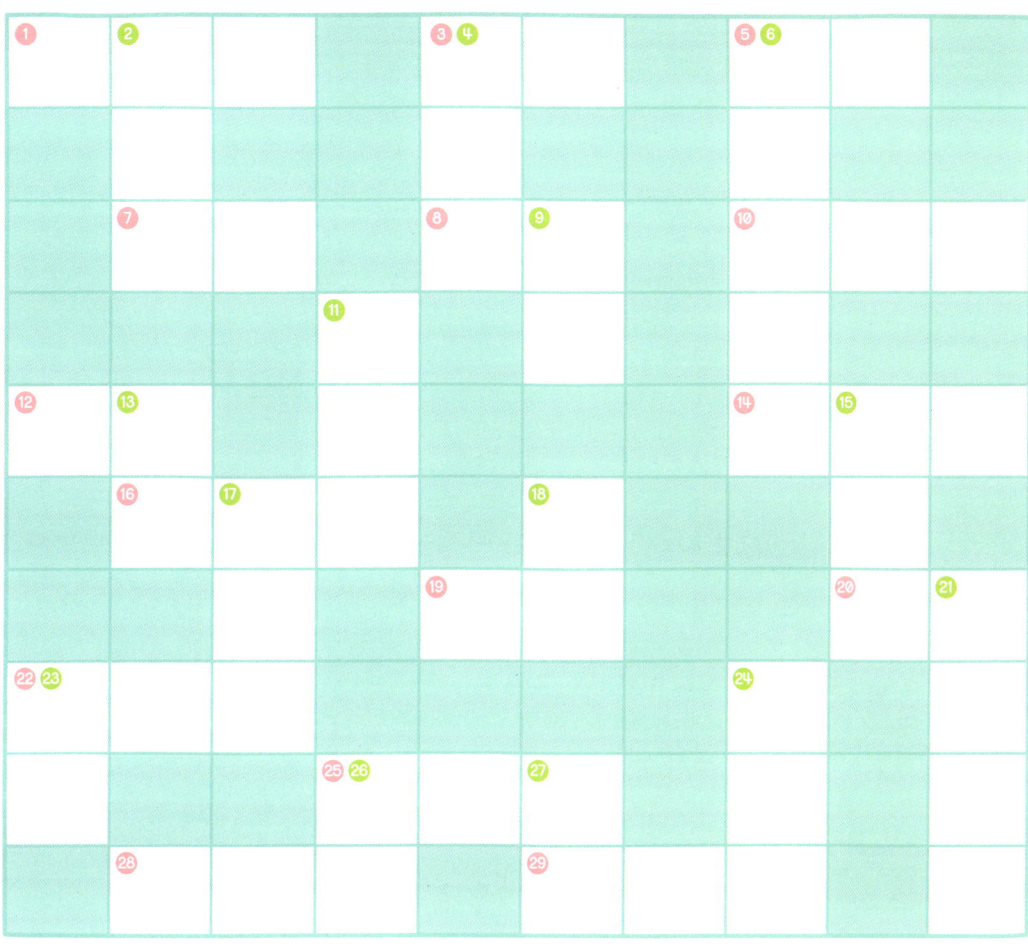

가로 열쇠

1. 지도에서 표준 해면으로부터 같은 높이에 있는 지점들을 연결한 선.
3. 땅의 생긴 모양이나 형태.
5. 해에서 내리쬐는 뜨거운 기운.
7. 센 힘으로 내리누름.
8. 일정한 조직이나 집단이 대표자나 임원을 뽑는 일.
10. 발로 밟은 흔적 또는 지난날의 경력이나 업적.
12. 개인이나 집단 사이에 목표나 이해관계가 달라 서로 적대시하거나 충돌함.
14. 불을 끄는 데 쓰는 기구.
16. 상대편에게 언짢은 기분이나 태도로 맞서서 대드는 행동이나 말.
19. 언니와 여동생 사이.
20. 자기 신분에 맞는 한도.
22. 굵고 튼튼하게 꼰 줄.
25. 네 변의 길이가 모두 같으나 모든 각이 직각이 아닌 사각형.
28. 강이나 호수, 바다 따위에서 피어오르는 안개.
29. 통나무 속을 파서 큰 바가지같이 만든 그릇.

세로 열쇠

2. 둘레의 기압보다 높은 기압.
4. 편평한 대지의 끝과 하늘이 맞닿아 보이는 경계선.
6. 해의 빛을 전기 에너지로 바꾸는 곳.
9. 손을 위로 들어 올림.
11. 수릿과의 크고 사나운 새.
13. 바닷가나 섬에 탑 모양으로 높이 세워 밤에 다니는 배에 목표, 뱃길, 위험한 곳 따위를 알려주려고 불을 켜 비추는 시설.
15. 재물이 자꾸 생겨 아무리 써도 줄지 않음을 이르는 말.
17. 거미가 뽑아내는 가는 줄 또는 그 줄로 친 그물.
18. 오빠와 누이.
21. 수레 밑에 댄 바퀴.
23. 어린이를 위한 시.
24. 줄을 길게 달아 우물물을 긷는 기구.
26. 병이나 그릇의 아가리나 구멍 따위에 끼워 막는 물건.
27. 나쁜 꾀를 써서 남을 어려운 처지에 빠지게 함.

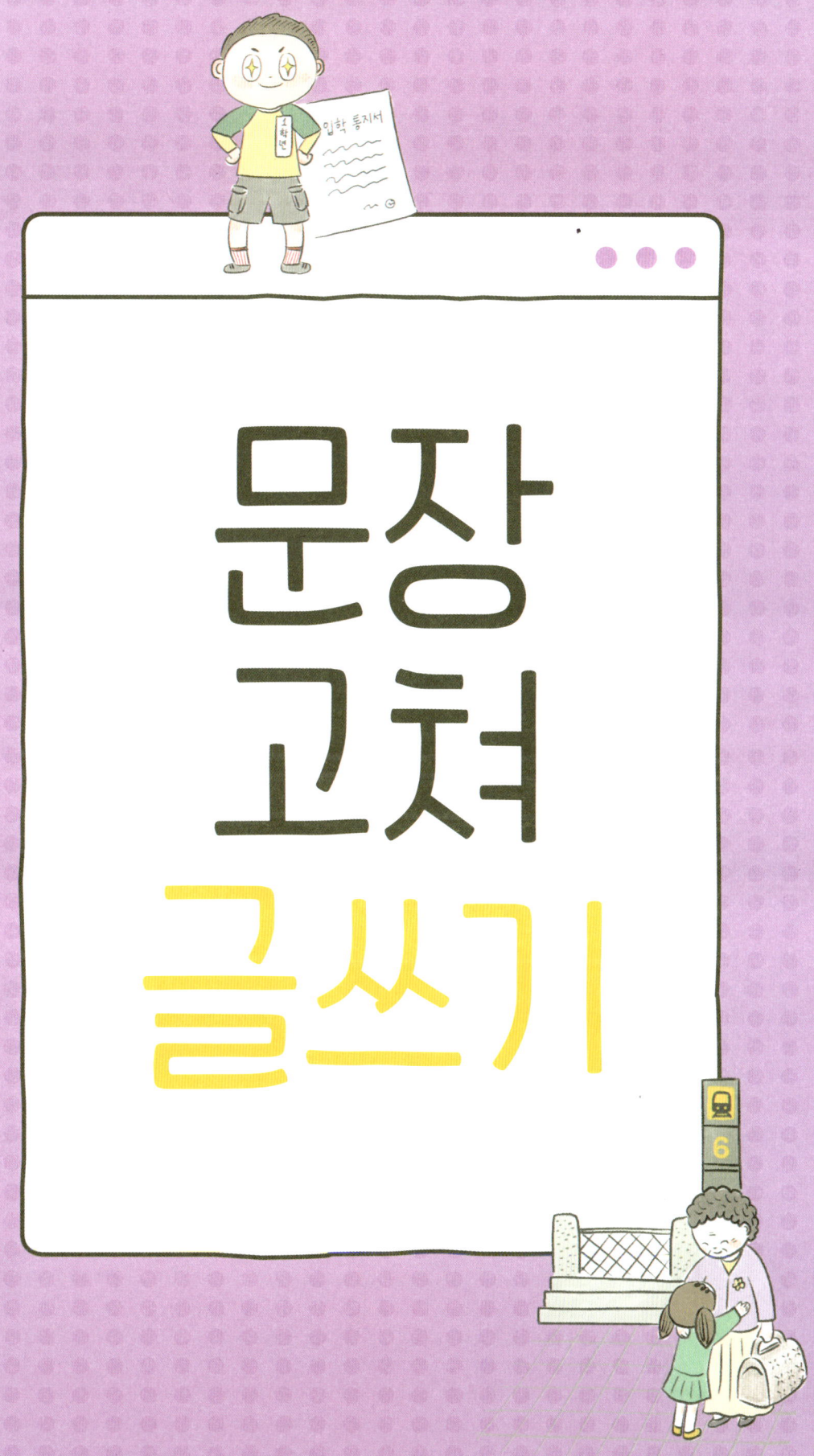

문장 고쳐 글쓰기 ①

1 다음 문장에서 어법에 틀린 밑줄 친 부분을 맞게 고쳐 쓰세요.

나는 수업을 마치고 <u>집에서</u> 가고 있었다.

1⁻¹ 위의 고친 문장을 넣어 5줄 이상의 글을 써 보세요.

> 나는 수업을 마치고 집으로 가고 있었다.
> 그런데 저만치서 절친인 보라가 누군가랑 수다를 떨며 가고 있었다.
> '누구지?' 하는 순간 나는 얼음이 되었다. 며칠 전 다툰 수빈이 같았다.
> '가서 먼저 사과를 할까?'
> 나는 고민하다가 그저 바라보기만 했다.

2 다음 문장에서 어법에 틀린 밑줄 친 부분을 맞게 고쳐 쓰세요.

책상에 엎드려 잠을 <u>잤던</u> 짝꿍을 흔들어 깨웠다.

2⁻¹ 위의 고친 문장을 넣어 5줄 이상의 글을 써 보세요.

문장 고쳐 글쓰기 ❷

1 다음 문장에서 어법에 틀린 밑줄 친 부분을 맞게 고쳐 쓰세요.

오늘 내가 만든 토스트가 별로 <u>맛있었다.</u>

1⁻¹ 위의 고친 문장을 넣어 5줄 이상의 글을 써 보세요.

2 다음 문장에서 어법에 틀린 밑줄 친 부분을 맞게 고쳐 쓰세요.

지구는 태양의 주위를 <u>돌았다.</u>

2⁻¹ 위의 고친 문장을 넣어 5줄 이상의 글을 써 보세요.

문장 고쳐 글쓰기 ③

1 다음 문장에서 어법에 틀린 밑줄 친 부분을 맞게 고쳐 쓰세요.

드디어 오늘 <u>학교부터</u> 입학 통지서가 왔다.

1⁻¹ 위의 고친 문장을 넣어 5줄 이상의 글을 써 보세요.

---

2 다음 문장에서 어법에 틀린 밑줄 친 부분을 맞게 고쳐 쓰세요.

혜빈아, 엄마께서 너 빨리 <u>오시래</u>.

2⁻¹ 위의 고친 문장을 넣어 5줄 이상의 글을 써 보세요.

문장 고쳐 글쓰기 ④

1 다음 문장에서 어법에 틀린 밑줄 친 부분을 맞게 고쳐 쓰세요.

여행하는 내내 비가 와서 우리는 <u>숙소에서</u> 있었다.

1⁻¹ 위의 고친 문장을 넣어 5줄 이상의 글을 써 보세요.

---

2 다음 문장에서 어법에 틀린 밑줄 친 부분을 맞게 고쳐 쓰세요.

지금 네가 말한 내용은 선생님께 들은 것과 전혀 <u>같다</u>.

2⁻¹ 위의 고친 문장을 넣어 5줄 이상의 글을 써 보세요.

문장 고쳐 글쓰기 ⑤

1 다음 문장에서 어법에 틀린 밑줄 친 부분을 맞게 고쳐 쓰세요.

나는 어제 책을 3시간 동안 <u>읽는다</u>.

1⁻¹ 위의 고친 문장을 넣어 5줄 이상의 글을 써 보세요.

2 다음 문장에서 어법에 틀린 밑줄 친 부분을 맞게 고쳐 쓰세요.

코로나19 때문에 모임은 물론 <u>등교는</u> 할 수 없었다.

2⁻¹ 위의 고친 문장을 넣어 5줄 이상의 글을 써 보세요.

문장 고쳐 글쓰기 ⑥

1 다음 문장에서 어법에 틀린 밑줄 친 부분을 맞게 고쳐 쓰세요.

나는 <u>짝꿍에</u> 사과 편지를 보냈다.

- -

1⁻¹ 위의 고친 문장을 넣어 5줄 이상의 글을 써 보세요.

---

2 다음 문장에서 어법에 틀린 밑줄 친 부분을 맞게 고쳐 쓰세요.

등교 시간이 늦었는데도 머리 손질은 금방 <u>끝나지 못했다</u>.

- -

2⁻¹ 위의 고친 문장을 넣어 5줄 이상의 글을 써 보세요.

문장 고쳐 글쓰기 ⑦

1 다음 문장에서 어법에 틀린 밑줄 친 부분을 맞게 고쳐 쓰세요.

영수야, 선생님께서 너한테 <u>숙제 내시라고 했어</u>.

1⁻¹ 위의 고친 문장을 넣어 5줄 이상의 글을 써 보세요.

2 다음 문장에서 어법에 틀린 밑줄 친 부분을 맞게 고쳐 쓰세요.

에어컨이 켜져 있으니 문을 꼭 <u>닫으실게요</u>.

2⁻¹ 위의 고친 문장을 넣어 5줄 이상의 글을 써 보세요.

문장 고쳐 글쓰기 ⑧

1 다음 문장에서 어법에 틀린 밑줄 친 부분을 맞게 고쳐 쓰세요.

교장 선생님, 나이가 몇이세요?

1⁻¹ 위의 고친 문장을 넣어 5줄 이상의 글을 써 보세요.

2 다음 문장에서 어법에 틀린 밑줄 친 부분을 맞게 고쳐 쓰세요.

시골에서 오신 할머니를 전철역으로 마중 나가 데리고 왔다.

2⁻¹ 위의 고친 문장을 넣어 5줄 이상의 글을 써 보세요.

문장 고쳐 글쓰기 ⑨

1 다음 문장에서 어법에 틀린 밑줄 친 부분을 맞게 고쳐 쓰세요.

얘들아, 선생님이 빨리 공책 정리하시래.

1⁻¹ 위의 고친 문장을 넣어 5줄 이상의 글을 써 보세요.

2 다음 문장에서 어법에 틀린 밑줄 친 부분을 맞게 고쳐 쓰세요.

어려운 수학 문제를 선생님에게 물어봤다.

2⁻¹ 위의 고친 문장을 넣어 5줄 이상의 글을 써 보세요.

문장 고쳐 글쓰기 ⑩

1 다음 문장에서 어법에 틀린 밑줄 친 부분을 맞게 고쳐 쓰세요.

나는 결코 이 문제를 풀 수 있을 거야.

1⁻¹ 위의 고친 문장을 넣어 5줄 이상의 글을 써 보세요.

2 다음 문장에서 어법에 틀린 밑줄 친 부분을 맞게 고쳐 쓰세요.

내일은 학교에 반드시 일찍 가지 않겠어.

2⁻¹ 위의 고친 문장을 넣어 5줄 이상의 글을 써 보세요.

문장 고쳐 글쓰기 ⑪

1 다음 문장에서 어법에 틀린 밑줄 친 부분을 맞게 고쳐 쓰세요.

사람들이 닮았다고 하지만 쌍둥이 형과 나는 많은 점이 <u>틀리다</u>.

1-1 위의 고친 문장을 넣어 5줄 이상의 글을 써 보세요.

2 다음 문장에서 어법에 틀린 밑줄 친 부분을 맞게 고쳐 쓰세요.

동생이 자고 있을지도 모르니 집에 올 때 <u>꼭</u> 초인종을 누르지 말아 줘.

2-1 위의 고친 문장을 넣어 5줄 이상의 글을 써 보세요.

문장 고쳐 글쓰기 ⑫

1 다음 문장에서 어법에 틀린 밑줄 친 부분을 맞게 고쳐 쓰세요.

선생님, <u>결코</u> 건강하셔야 해요.

1⁻¹ 위의 고친 문장을 넣어 5줄 이상의 글을 써 보세요.

2 다음 문장에서 어법에 틀린 밑줄 친 부분을 맞게 고쳐 쓰세요.

나는 어제 친구네 집에서 숙제를 <u>하겠다</u>.

2⁻¹ 위의 고친 문장을 넣어 5줄 이상의 글을 써 보세요.

문장 고쳐 글쓰기 ⑬

1 다음 문장에서 어법에 틀린 밑줄 친 부분을 맞게 고쳐 쓰세요.

지금처럼 온난화가 지속되면 북극곰이 아마 머지않아 <u>사라진다</u>.

1⁻¹ 위의 고친 문장을 넣어 5줄 이상의 글을 써 보세요.

---

2 다음 문장에서 어법에 틀린 밑줄 친 부분을 맞게 고쳐 쓰세요.

나는 차마 그의 눈을 <u>마주 보았다</u>.

2⁻¹ 위의 고친 문장을 넣어 5줄 이상의 글을 써 보세요.

문장 고쳐 글쓰기 ⑭

1 다음 문장에서 어법에 틀린 밑줄 친 부분을 맞게 고쳐 쓰세요.

다이어트에 성공해서 지난번에 산 원피스를 반드시 <u>입었다</u>.

1⁻¹ 위의 고친 문장을 넣어 5줄 이상의 글을 써 보세요.

2 다음 문장에서 어법에 틀린 밑줄 친 부분을 맞게 고쳐 쓰세요.

<u>아빠가</u> 나에게 어린이날에 뭘 하고 싶은지 <u>여쭤보셨다</u>.

2⁻¹ 위의 고친 문장을 넣어 5줄 이상의 글을 써 보세요.

문장 고쳐 글쓰기 ⑮

1 다음 문장에서 어법에 틀린 밑줄 친 부분을 맞게 고쳐 쓰세요.

우리 팀이 이번 시합에서 진 까닭은 연습을 제대로 하지 <u>않았다</u>.

1⁻¹ 위의 고친 문장을 넣어 5줄 이상의 글을 써 보세요.

2 다음 문장에서 어법에 틀린 밑줄 친 부분을 맞게 고쳐 쓰세요.

아빠, 할아버지한테 <u>전화가 오셨어요</u>.

2⁻¹ 위의 고친 문장을 넣어 5줄 이상의 글을 써 보세요.

숨은그림찾기

- 다음 그림에서 보기에 있는 낱말을 찾아 동그라미 하세요.

보기

성냥개비   나팔   삼각자   은행잎   새총
당근   사람옆얼굴   음표   모자   빗

관용 표현 글쓰기

관용 표현 글쓰기 ①

1 다음 문장에서 사용된 관용 표현의 뜻을 짐작해 보세요.

엄마는 장난감을 사 달라고 떼를 쓰는 동생을 <u>두 손 두 발 다 든</u> 표정으로 바라보고 계셨다.

두 손 두 발 다 들다

짐작한 뜻 :

2 위의 관용 표현을 넣어 짧은 문장을 만들어 보세요.

번번이 떨어지는 품사 심사에 두 손 두 발 다 들었다.

3 위의 관용 표현이 어울리는 상황을 글로 써 보세요.

아침부터 동생은 큰 소리로 울기 시작했다.

왜 우냐고 물어도 중얼거려서 우리 가족은 도통 무슨 말인지 알아들을 수가 없었다.

학교와 회사로 가야 하는 우리 가족은 모두 당황했다.

살살 달래며 들어 보니, 빨려고 세탁기에 넣은 운동복을 입어야겠다고 떼를 쓰는 것이다.

엄마가 비슷한 옷을 주어도 막무가내였다.

결국 우리 식구는 떼쟁이 동생에게 두 손 두 발 다 들고 세탁기에서 운동복을 꺼내

급하게 건네 주었다. 에휴! 아침부터 온 식구가 진땀을 뺐다.

관용 표현 글쓰기 ②

1 다음 문장에서 사용된 관용 표현의 뜻을 짐작해 보세요.

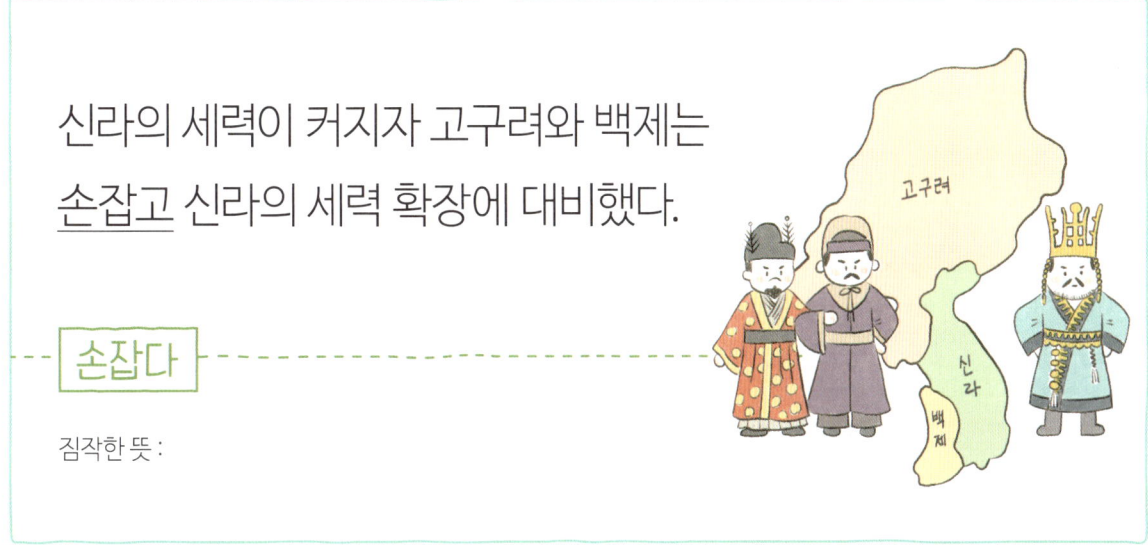

신라의 세력이 커지자 고구려와 백제는 <u>손잡고</u> 신라의 세력 확장에 대비했다.

손잡다

짐작한 뜻 :

2 위의 관용 표현을 넣어 짧은 문장을 만들어 보세요.

3 위의 관용 표현이 어울리는 상황을 글로 써 보세요.

관용 표현 글쓰기 ③

1 다음 문장에서 사용된 관용 표현의 뜻을 짐작해 보세요.

토요일 저녁 식사 당번은 <u>손이 작은</u> 누나라서 우리 가족은 미리 빵으로 배를 채워 놓고 식사를 기다렸다.

손이 작다

짐작한 뜻 :

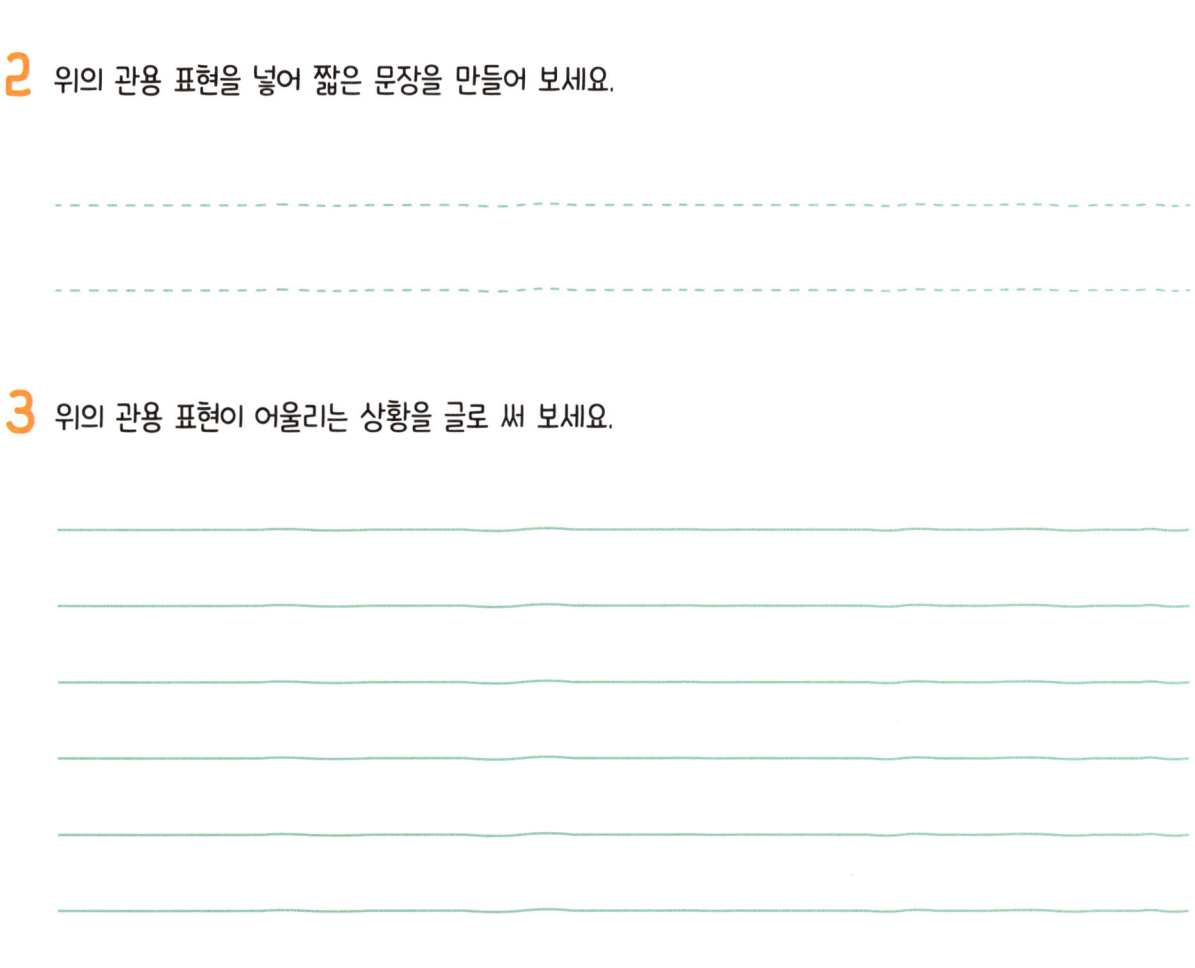

2 위의 관용 표현을 넣어 짧은 문장을 만들어 보세요.

3 위의 관용 표현이 어울리는 상황을 글로 써 보세요.

관용 표현 글쓰기 ④

1 다음 문장에서 사용된 관용 표현의 뜻을 짐작해 보세요.

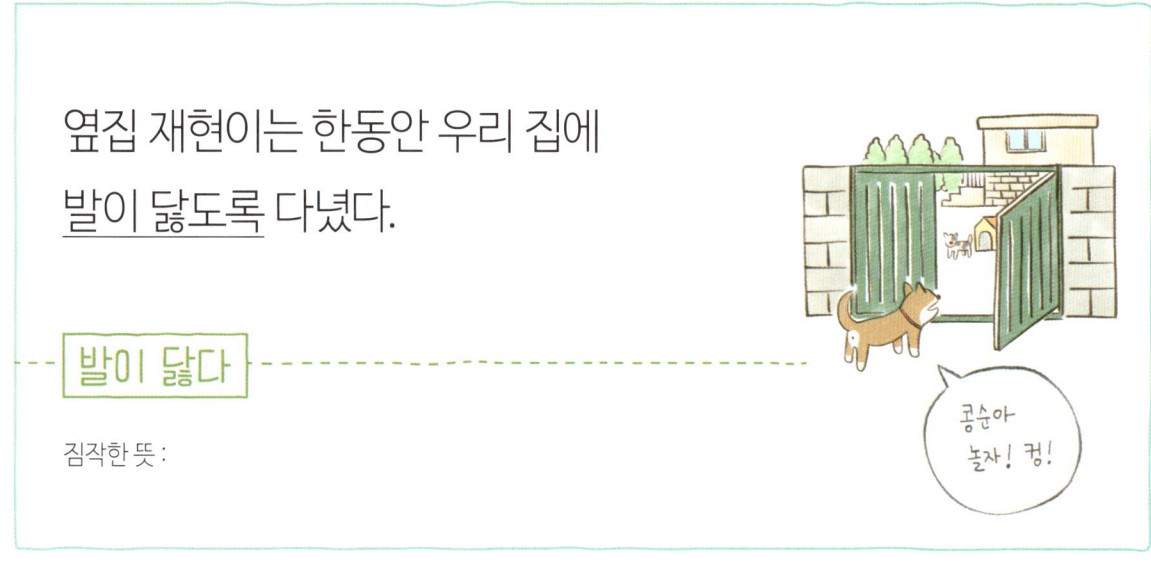

옆집 재현이는 한동안 우리 집에 발이 닳도록 다녔다.

발이 닳다

짐작한 뜻 :

2 위의 관용 표현을 넣어 짧은 문장을 만들어 보세요.

3 위의 관용 표현이 어울리는 상황을 글로 써 보세요.

관용 표현 글쓰기 ⑤

1 다음 문장에서 사용된 관용 표현의 뜻을 짐작해 보세요.

씨름에서 엎어치기로 이긴 장사는 상대 선수의 코를 납작하게 해 주기에 충분했다.

코를 납작하게 해 주다

짐작한 뜻 :

2 위의 관용 표현을 넣어 짧은 문장을 만들어 보세요.

3 위의 관용 표현이 어울리는 상황을 글로 써 보세요.

관용 표현 글쓰기 ⑤

1 다음 문장에서 사용된 관용 표현의 뜻을 짐작해 보세요.

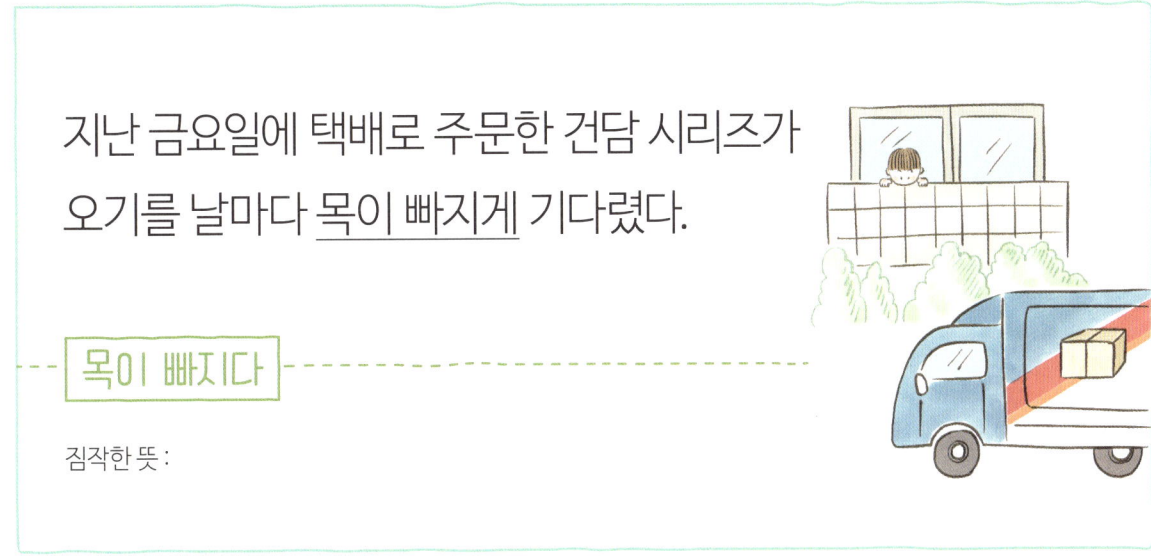

지난 금요일에 택배로 주문한 건담 시리즈가 오기를 날마다 <u>목이 빠지게</u> 기다렸다.

목이 빠지다

짐작한 뜻 :

2 위의 관용 표현을 넣어 짧은 문장을 만들어 보세요.

3 위의 관용 표현이 어울리는 상황을 글로 써 보세요.

뜻 : 아주 간절하게 기다리다.

관용 표현 글쓰기 ⑥

1 다음 문장에서 사용된 관용 표현의 뜻을 짐작해 보세요.

> 이번 달리기 시합에서 1등을 한 수민이는 달리기를 좀 한다는 육상부 앞을 지날 때면 더욱 목에 힘을 주고 다녔다.
>
> 목에 힘을 주다
>
> 짐작한 뜻 :

2 위의 관용 표현을 넣어 짧은 문장을 만들어 보세요.

3 위의 관용 표현이 어울리는 상황을 글로 써 보세요.

관용 표현 글쓰기 7

1 다음 문장에서 사용된 관용 표현의 뜻을 짐작해 보세요.

> 거짓말을 수시로 하고 다니던 그에게
> 모두가 등을 돌렸다.
>
>
>
> 짐작한 뜻 :

2 위의 관용 표현을 넣어 짧은 문장을 만들어 보세요.

3 위의 관용 표현이 어울리는 상황을 글로 써 보세요.

관용 표현 글쓰기 8

1 다음 문장에서 사용된 관용 표현의 뜻을 짐작해 보세요.

> 친구들은 선생님께 체육 시간을 늘려 달라는 말을 하라고 내 등을 떠밀었다.
>
> 등을 떠밀다
>
> 짐작한 뜻 :

2 위의 관용 표현을 넣어 짧은 문장을 만들어 보세요.

3 위의 관용 표현이 어울리는 상황을 글로 써 보세요.

뜻 : 억지로 어떤 일을 하게 만들다.

관용 표현 글쓰기 ❾

1 다음 문장에서 사용된 관용 표현의 뜻을 짐작해 보세요.

친구들도 이제는 더 도울 수 없다며 고개를 돌렸다.

─ 고개를 돌리다 ─

짐작한 뜻 :

2 위의 관용 표현을 넣어 짧은 문장을 만들어 보세요.

3 위의 관용 표현이 어울리는 상황을 글로 써 보세요.

관용 표현 글쓰기 ⑩

1 다음 문장에서 사용된 관용 표현의 뜻을 짐작해 보세요.

> 그는 자신이 큰 잘못을 한 걸 깨닫고는 <u>고개를 들 수 없었다.</u>
>
> ─── 고개를 들 수 없다 ───
>
> 짐작한 뜻 :

2 위의 관용 표현을 넣어 짧은 문장을 만들어 보세요.

3 위의 관용 표현이 어울리는 상황을 글로 써 보세요.

관용 표현 글쓰기 ⑪

1 다음 문장에서 사용된 관용 표현의 뜻을 짐작해 보세요.

우리나라의 경제 상황이 어려워지자 여기저기서 밥줄 끊기는 소식들이 들려왔다.

밥줄 끊기다

짐작한 뜻 :

2 위의 관용 표현을 넣어 짧은 문장을 만들어 보세요.

3 위의 관용 표현이 어울리는 상황을 글로 써 보세요.

뜻 : 벌이 없어서 수입이 없어지다.

관용 표현 글쓰기 ⑫

1 다음 문장에서 사용된 관용 표현의 뜻을 짐작해 보세요.

길고양이에게 못된 짓을 하는 무리를 보니 내 눈에서는 불이 났다.

눈에 불이 나다

짐작한 뜻 :

2 위의 관용 표현을 넣어 짧은 문장을 만들어 보세요.

3 위의 관용 표현이 어울리는 상황을 글로 써 보세요.

관용 표현 글쓰기 ⑬

1 다음 문장에서 사용된 관용 표현의 뜻을 짐작해 보세요.

> 우리나라는 선진국들과 <u>어깨를 나란히 할</u> 수 있었다.
>
>
>
> 짐작한 뜻:

2 위의 관용 표현을 넣어 짧은 문장을 만들어 보세요.

3 위의 관용 표현이 어울리는 상황을 글로 써 보세요.

뜻: 서로 지위나 힘이 비슷해지다.

관용 표현 글쓰기 14

1 다음 문장에서 사용된 관용 표현의 뜻을 짐작해 보세요.

> 비를 맞고 웅크리고 있던 고양이가 자꾸 눈에 밟힌다.
>
> 눈에 밟히다
>
> 짐작한 뜻 :

2 위의 관용 표현을 넣어 짧은 문장을 만들어 보세요.

3 위의 관용 표현이 어울리는 상황을 글로 써 보세요.

관용 표현 글쓰기 15

1 다음 문장에서 사용된 관용 표현의 뜻을 짐작해 보세요.

> 어릴 때 나는 산타클로스 할아버지를 <u>눈이 빠지게</u> 기다렸다.
>
> 눈이 빠지다
>
> 짐작한 뜻 :

2 위의 관용 표현을 넣어 짧은 문장을 만들어 보세요.

3 위의 관용 표현이 어울리는 상황을 글로 써 보세요.

눈 : 몹시 애타게 기다리다.

관용 표현 글쓰기 ⑯

1 다음 문장에서 사용된 관용 표현의 뜻을 짐작해 보세요.

고기라면 눈에 불을 켜고 덤비는구나!

눈에 불을 켜다

짐작한 뜻 :

2 위의 관용 표현을 넣어 짧은 문장을 만들어 보세요.

3 위의 관용 표현이 어울리는 상황을 글로 써 보세요.

뜻 : 몹시 욕심을 내거나 관심을 가지다.

관용 표현 글쓰기 17

1 다음 문장에서 사용된 관용 표현의 뜻을 짐작해 보세요.

잘못을 하고도 표정 하나 변하지 않는 걸 보니 정말 <u>얼굴이 두껍구나</u>!

> 얼굴이 두껍다

짐작한 뜻 :

2 위의 관용 표현을 넣어 짧은 문장을 만들어 보세요.

3 위의 관용 표현이 어울리는 상황을 글로 써 보세요.

뜻 : 부끄러움을 모르고 염치가 없다.

관용 표현 글쓰기 ⑱

1 다음 문장에서 사용된 관용 표현의 뜻을 짐작해 보세요.

언니는 원하는 대학에 합격했다는 소식을 듣자 얼굴이 활짝 폈다.

얼굴이 피다

짐작한 뜻 :

2 위의 관용 표현을 넣어 짧은 문장을 만들어 보세요.

3 위의 관용 표현이 어울리는 상황을 글로 써 보세요.

뜻 : 얼굴에 살이 오르고 혈색이 좋아지다.

관용 표현 글쓰기 ⑲

1 다음 문장에서 사용된 관용 표현의 뜻을 짐작해 보세요.

많은 사람들이 보는 데서 고백을 했는데 거절당해서 <u>얼굴을 들 수 없었다</u>.

짐작한 뜻 :

2 위의 관용 표현을 넣어 짧은 문장을 만들어 보세요.

3 위의 관용 표현이 어울리는 상황을 글로 써 보세요.

관용 표현 글쓰기 ⑳

1 다음 문장에서 사용된 관용 표현의 뜻을 짐작해 보세요.

> 그는 말을 <u>손바닥 뒤집듯</u> 해서
> 믿음이 안 간다.
>
> ┌─────────────┐
> │ 손바닥 뒤집듯 하다 │
> └─────────────┘
>
> 짐작한 뜻 :

2 위의 관용 표현을 넣어 짧은 문장을 만들어 보세요.

3 위의 관용 표현이 어울리는 상황을 글로 써 보세요.

뜻 : 말이나 행동을 매우 쉽게 바꾸다.

관용 표현 글쓰기 2

1 다음 문장에서 사용된 관용 표현의 뜻을 짐작해 보세요.

그는 가난한 살림살이와 많은 자식들 뒷바라지에 <u>허리가 휘다</u> 못해 고꾸라졌다.

허리가 휘다

짐작한 뜻 :

2 위의 관용 표현을 넣어 짧은 문장을 만들어 보세요.

3 위의 관용 표현이 어울리는 상황을 글로 써 보세요.

뜻 : 감당하기 힘든 일을 하느라 무척 힘이 들다.

관용 표현 글쓰기 22

1 다음 문장에서 사용된 관용 표현의 뜻을 짐작해 보세요.

놀부는 정말 <u>피도 눈물도 없는</u> 사람이었다.

피도 눈물도 없다

짐작한 뜻 :

2 위의 관용 표현을 넣어 짧은 문장을 만들어 보세요.

3 위의 관용 표현이 어울리는 상황을 글로 써 보세요.

관용 표현 글쓰기 23

1 다음 문장에서 사용된 관용 표현의 뜻을 짐작해 보세요.

수업 마치는 벨 소리가 나자 우리는 모두 복도 쪽으로 눈을 돌렸다.

눈을 돌리다

짐작한 뜻:

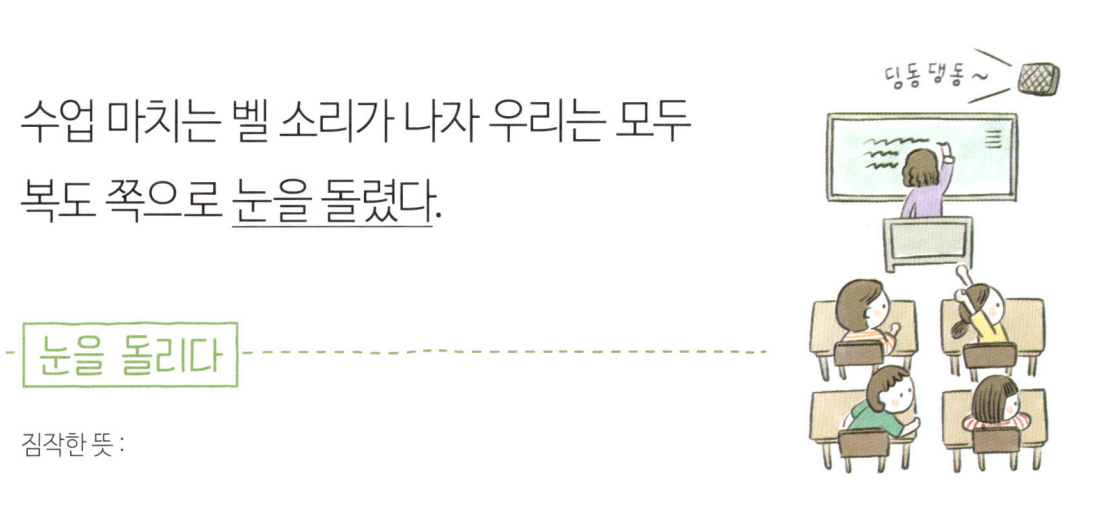

2 위의 관용 표현을 넣어 짧은 문장을 만들어 보세요.

3 위의 관용 표현이 어울리는 상황을 글로 써 보세요.

관용 표현 글쓰기 24

1 다음 문장에서 사용된 관용 표현의 뜻을 짐작해 보세요.

그 아이는 지금 반대편에 서 있지만 <u>귀가 얇아서</u> 우리가 말하면 금방 우리 편에 설 거야.

귀가 얇다

짐작한 뜻 :

2 위의 관용 표현을 넣어 짧은 문장을 만들어 보세요.

3 위의 관용 표현이 어울리는 상황을 글로 써 보세요.

뜻 : 남의 말을 쉽게 받아들이다.

관용 표현 글쓰기 25

1 다음 문장에서 사용된 관용 표현의 뜻을 짐작해 보세요.

> 욕심쟁이 영감은 벼락부자가 되더니 <u>어깨에 힘을 주기</u> 시작했다.
>
> 어깨에 힘을 주다
>
> 짐작한 뜻 :

2 위의 관용 표현을 넣어 짧은 문장을 만들어 보세요.

3 위의 관용 표현이 어울리는 상황을 글로 써 보세요.

뜻 : 잘난 체하며 뽐내거나 거드름을 피우다.

관용 표현 글쓰기 26

1 다음 문장에서 사용된 관용 표현의 뜻을 짐작해 보세요.

이번에 전교 임원이 되어서 어깨가 무겁다.

어깨가 무겁다

짐작한 뜻 :

2 위의 관용 표현을 넣어 짧은 문장을 만들어 보세요.

3 위의 관용 표현이 어울리는 상황을 글로 써 보세요.

뜻 : 책임감이 커서 마음이 부담스럽다.

관용 표현 글쓰기 27

1 다음 문장에서 사용된 관용 표현의 뜻을 짐작해 보세요.

> 발이 넓은 그 사람은 동네에 무슨 일이 생기면 제일 먼저 달려가곤 했다.
>
> 발이 넓다
>
> 짐작한 뜻 :

2 위의 관용 표현을 넣어 짧은 문장을 만들어 보세요.

3 위의 관용 표현이 어울리는 상황을 글로 써 보세요.

뜻 : 아는 사람이 많고 활동 범위가 넓다.

관용 표현 글쓰기 28

1 다음 문장에서 사용된 관용 표현의 뜻을 짐작해 보세요.

나는 이번 프로젝트에서 발을 빼겠어.

발을 빼다

짐작한 뜻:

2 위의 관용 표현을 넣어 짧은 문장을 만들어 보세요.

3 위의 관용 표현이 어울리는 상황을 글로 써 보세요.

관용 표현 글쓰기 29

1 다음 문장에서 사용된 관용 표현의 뜻을 짐작해 보세요.

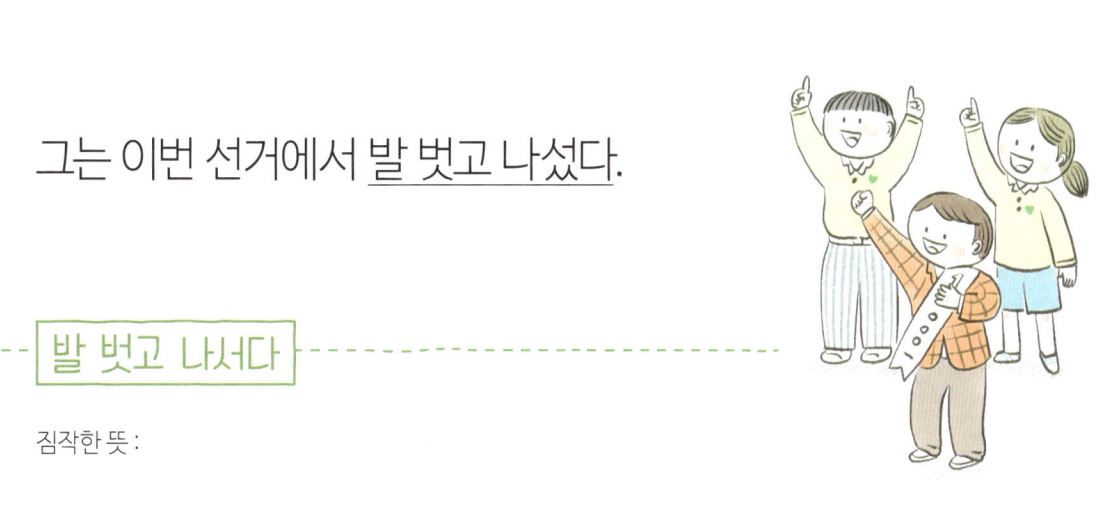

그는 이번 선거에서 발 벗고 나섰다.

발 벗고 나서다

짐작한 뜻 :

2 위의 관용 표현을 넣어 짧은 문장을 만들어 보세요.

3 위의 관용 표현이 어울리는 상황을 글로 써 보세요.

관용 표현 글쓰기 30

1 다음 문장에서 사용된 관용 표현의 뜻을 짐작해 보세요.

> 평소에도 <u>눈이 높은</u> 네가 고른 물건이니 당연히 좋을 거야.
>
> 마음에 들었으면 좋겠다.
>
> 눈이 높다
>
> 짐작한 뜻 :

2 위의 관용 표현을 넣어 짧은 문장을 만들어 보세요.

3 위의 관용 표현이 어울리는 상황을 글로 써 보세요.

눈 : 눈이 높다.

다른 그림 찾기

- 위의 그림을 보고 아래의 그림에서 다른 곳 10개를 찾아 동그라미 하세요.

정답

- 빈칸에 낱말을 넣어 문장을 완성하는 문제는 정답이 있습니다.
  아이들이 쓴 답과 맞춰 보면서 어휘를 익히게 하면 좋습니다.
- 움직씨, 그림씨를 넣어 문장을 만들어 보는 활동은 정답이 없습니다.
  예시 문장은 길잡이로 참고만 해 주세요.
  예시 문장을 읽으면서 뜻을 짐작해 보고 새로운 문장을 만들어 봅니다.
- 어법 문제는 정답이 있습니다.
  어려우면 정답지를 먼저 보고 이해한 뒤 고쳐 써도 됩니다.

10쪽
2.
그는 한참을 턱을 (**괴고**) 있더니 꾸벅꾸벅 졸기 시작했다.
며칠간 계속되던 비가 그치고 날이 맑게 (**갰다**).
카레 가루는 물에 잘 (**개서**) 넣어야 뭉침이 생기지 않는다.
빗물이 마당 곳곳에 (**괴어**) 있다.

11쪽
2.
나는 어깨가 (**드러나는**) 옷차림이 하루 종일 신경 쓰였다.
드디어 이삿날이다. 내 방에서 이삿짐을 (**들어냈다**).
시간이 흐를수록 괴짜인 그가 본색을 (**드러내기**) 시작했다.
원님은 죄인을 보고 소리쳤다. "저놈을 여기서 당장 (**들어내지**) 못할까!"

12쪽
2.
안개가 (**걷혀서**) 날이 맑아졌다.
외할머니 댁에 가기 위해서는 큰 개가 살고 있는 그 집을 (**거쳐야**) 했다.
연극이 시작되자 막이 (**걷혔다**).
대회 본선에 오르기 위해서는 사전 심사를 (**거쳐야**) 한다.

13쪽
2.
걱정했는데 얼굴을 보니 마음이 한결 (**낫다**).
우리 집 앞으로 큰길이 (**났다**).
사춘기 형의 턱에 수염이 (**나기**) 시작했다.
오랫동안 엄마를 괴롭히던 병이 깨끗이 (**나았다**).

14쪽
2.
자로 잰 듯이 (**반듯하지**) 않아도 좋아요.
겉표지에 (**반드시**) 제목과 이름을 써 주세요.
침대에 (**반듯하게**) 누워 보렴.
스케치북을 탁자 위에 (**반듯하게**) 놓고 그림을 그렸다.

15쪽
2.
새총에 달린 노란 고무줄이 짧은 듯하여 (**늘여**) 놓았다.
어린이 전체 회의를 통해 중간놀이 시간을 (**늘리기**)로 결정했다.
고구려, 백제, 신라 세 나라는 점점 세력을 (**늘려**) 나갔다.
키가 커져서 작년에 입던 바지의 바짓단을 (**늘였다**).

16쪽
2.
지금 시간이면 병원 문이 (**닫혔을**) 것이다.
스케이트를 타다가 팔을 (**다쳐서**) 병원에 갔다.
말이 상대의 마음을 크게 (**다치게**) 할 수도 있다.
창문이 바람 때문에 쾅 (**닫혔다**).

17쪽
2.
드디어 오늘(**로써**) 이 학원은 끝이다.
독서 동아리 회원으(**로서**) 책을 읽고 모임에 오는 것은 당연하다.
잉크가 안 나오는 걸 보니 펜으(**로써**) 수명이 다한 듯하다.
공부는 학생으(**로서**) 당연히 해야 할 일이다.

18쪽
2.
심 봉사는 딸의 목소리에 눈이 번쩍 (**띄었다**).
얼굴에 미소를 (**띠며**) 이야기를 시작했다.
그는 늘 눈에 (**띄는**) 독특한 옷차림을 하곤 했다.
저녁이 되자 서쪽 하늘은 주황빛을 (**띠기**) 시작했다.

19쪽
2.
장마가 계속되자 천장에서 비가 (**새기**) 시작했다.
쇠를 먹는 불가사리는 점점 힘이 (**세지고**) 있었다.
아빠는 아침마다 (**세기**) 시작하는 흰 머리카락을 뽑곤 하셨다.
거실로 나오니 작은 방에서 불빛이 (**새**) 나오고 있었다.

20쪽
2.
할머니는 진달래 꽃잎으로 화전을 (**부치곤**) 하셨다.
불이 잘 (**붙게**) 하려고 부채로 살살 바람을 (**부치고**) 있었다.
할머니가 우편으로 갖가지 나물을 (**부치셨다**).
누나는 자기가 하는 일에 꼭 이유를 (**붙인다**).

21쪽
2.
친구랑 한참 수다를 떨다가 (**이따가**) 만나기로 하고 헤어졌다.
비가 와서 집에만 (**있다가**) 답답해서 밖으로 나왔다.
반려동물이 (**있다가**) 없으면 허전하다.
선생님은 수업을 시작하시며 (**이따가**) 다시 이야기하자고 하셨다.

22쪽
2.
어두운 곳에 있지 말고 밝은 (**데로**) 나와라.
아무 버스나 오는 (**대로**) 타면 학교에 도착한다.
얕은 곳에서만 물놀이를 하고 깊은 (**데로**) 가면 안 된다.
어떻게 해야 할지 모를 때는 마음 가는 (**대로**) 해 보는 것도 좋아.

23쪽
2.
학교에 가려고 가방을 어깨에 (**메고**) 집을 나섰다.
할머니는 콩밭에서 김을 (**매고**) 계셨다.
먼 길을 떠나기 전 나그네는 신발 끈을 꽉 (**맸다**).
대상을 받게 되었다는 소식에 목이 (**메어**) 말이 나오지 않았다.

24쪽
2.
나는 어렸을 때 심한 떼(**쟁이**)였다.
그는 그 동네에서 유명한 구두(**장이**)였다.
지금은 대장(**장이**)들을 거의 볼 수 없다.
놀부는 욕심(**쟁이**)다.

25쪽
2.
밀린 숙제를 하느라 밤을 하얗게 (**새웠다**).
나는 두 귀를 쫑긋 (**세우고**) 결과를 들었다.
우리는 여행 계획을 치밀하게 (**세웠다**).
걸을 때는 허리를 꼿꼿이 (**세우고**) 걸으렴.

26쪽
2.
늦은 밤에 음식을 먹는 습관은 건강을 (**해친다**).
연어는 물살을 (**헤치며**) 앞으로 나아간다.
사람이든 동물이든 목숨을 함부로 (**해쳐서**)는 안 된다.
옷을 풀어 (**헤치고**) 가슴을 압박하며 응급 조치를 했다.

27쪽
2.
엄마의 무릎을 (**베고**) 누워서 옛이야기를 듣던 날이 그립다.
엄마의 냄새가 (**밴**) 옷을 꼭 끌어안고 잠들었다.
낫으로 풀을 (**벨**) 때는 손을 (**베지**) 않도록 조심해야 한다.
음식 냄새가 옷에 (**배서**) 세탁을 했다.

28쪽
허겁지겁 달려온 동생은 신을 신은 (**채**)로 마루에 올라왔다.
그는 모르면서도 아는 (**체**)를 하곤 했다.
병원에서 퇴원한 지 1년도 (**채**) 안 되었다.
빵을 만들 때는 밀가루를 (**체**)로 쳐야 한다.

29쪽

32쪽

갈다
엄마는 화분의 흙을 갈아 주었다.

굶다
심통이 난 동생은 저녁을 굶고 잠이 들었다.

고르다
나는 음식 메뉴를 고를 때 빨리 결정하지 못한다.

기르다
형은 체력을 기르기 위해 날마다 걷기를 시작했다.

33쪽

놓다
위험한 물건은 아이들 손이 닿지 않는 곳에 놓아야 한다.

낳다
닭이 알을 낳았으니 닭이 먼저야.

넣다
중요한 물건을 서랍 깊숙이 넣어 두고 찾지 못한 경우가 있었다.

낫다
오늘 산 볼펜이 지난번에 산 것보다 낫네.

34쪽

닮다
엄마랑 나는 잠자는 모습까지 닮았다고 한다.

덮다
진실을 영원히 덮어 버릴 수는 없다.

덧나다
상처를 자꾸 만지면 덧나니까 가만히 두렴.

닳다
할머니는 연골이 닳아서 걸을 때마다 무릎이 몹시 아프다고 하셨다.

35쪽

머무르다
봄이 잠시 머물다 간 듯 날씨는 벌써 후끈하게 더워졌다.

뭉개지다
꽤 오래 앉아 있었는지 앉았던 자리의 잔디가 뭉개져 있었다.

맞닥뜨리다
내가 피하고 싶었던 그 녀석과 좁은 골목에서 맞닥뜨리고 말았다.

머금다
바람이 불자 잎들은 머금고 있던 이슬방울을 떨구었다.

36쪽

바치다
목숨을 바쳐 나라를 구한 위인들의 이야기가 오랫동안 마음에 남았다.

베다
엄마 무릎을 베고 누우면 행복하다.

배다
음식 냄새가 밴 옷을 입고 외출을 했더니 신경이 이만저만 쓰이는 게 아니었다.

밝히다
형은 그 사건의 진실을 밝히고 말겠다는 의지가 대단했다.

37쪽

세다
문밖에는 머리카락이 하얗게 세고 흰 수염을 길게 늘어뜨린 노인이 서 있었다.

새다
온 동네에 그 통나무집의 비밀이 새어 나가고 말았다.

삭다
끓어오르는 화를 삭이느라 숨을 크게 들이마시고 내쉬기를 여러 번 했다.

샘내다
언니는 늘 엄마 곁을 차지하는 동생을 부러워하고 샘냈다.

38쪽

엮다
불미스러운 일에 엮이지 않도록 말과 행동을 조심하렴.

오므리다
할머니는 만두에 속을 채운 뒤 예쁘게 오므려서 마무리를 하셨다.

아물다
상처가 아물려면 딱지가 생겨 저절로 떨어질 때까지 놔둬야 해.

여물다
가을볕에 곡식과 과일들이 여물고 있다.

39쪽

잦아들다
바람을 타고 무섭게 번지던 불길이 드디어 잦아들었다.

접다
삼촌은 하던 일을 접고 고향으로 내려가기로 했다.

쥐다
그는 드디어 권력을 손에 쥐었다.

젓다
노를 저으며 물살을 가르고 앞으로 나아갔다.

40쪽

체하다
음식을 급히 먹으면 체할 수가 있으니 조심하렴.

치밀다
변명을 하는 그 애의 태도에 화가 치밀었지만, 이야기를 끝까지 들었다.

차리다
따뜻한 죽을 먹고서야 기운을 차릴 수가 있었다.
쳐다보다
쾌청한 하늘을 한참이나 쳐다보았다.

41쪽
켕기다
그는 뭔가 켕기는 것이 있는지 안절부절못했다.
켜다
재현이가 첼로를 켜는 모습은 정말 멋졌다.
캐다
봄 들판은 나물 캐는 사람들로 붐볐다.
캐묻다
선생님은 나에게 결석한 이유를 캐물으셨다.

42쪽
태우다
나는 모처럼 가족을 위해 밥을 지었는데 태워서 속상하다.
토라지다
동생은 장난감을 안 사 준다고 토라진 표정으로 엄마를 바라보았다.
통하다
친구 자현이는 나랑 뭐든지 잘 통하는 사이다.
틀어지다
그 사건 때문에 우리 사이는 틀어지고 말았다.

43쪽
피다
누나는 형편이 피자 잠시 휴학했던 학교를 다시 다니기 시작했다.
품다
어미 닭이 어제부터 알을 품기 시작했다.
파고들다
형사는 그 사건의 진실을 파고들기 시작했다.
펼치다
네 꿈을 펼쳐라.

44쪽
해치다
우리 가족은 건강을 해치는 습관을 점검해 보기로 했다.
허물다
나그네 앞에 허물어져 가는 집 한 채가 나타났다.
훑어보다
선생님은 내 과제를 훑어보더니 고개를 갸우뚱하셨다.
헷갈리다
이 문제는 정말 헷갈린다.

45쪽
꾸다
오빠는 나에게 꾸어 간 돈을 갚지 않고 있다.
꾸미다
엄마는 집을 꾸미는 데 온 정성을 다하셨다.
깨다
겨우 잠이 들었는데 요란하게 쏟아지는 빗소리에 잠이 깼다.
깨닫다
기후 위기의 심각성을 깨달은 이후 내 생활 습관은 바뀌기 시작했다.

46쪽
띠다
그는 얼굴에 미소를 띠며 우리를 맞이했다.
뛰어가다
토끼는 사냥꾼을 발견하자 산등성 쪽으로 뛰어갔다.
뚫다
형은 송곳으로 판자에 구멍을 뚫었다.
띄우다
새해에는 보고 싶은 친구에게 편지를 띄워야겠다.

47쪽
쪼다
닭이 모이를 쪼고 있었다.
쪼들리다
생활이 항상 쪼들리는 편인데도 엄마는 늘 긍정적이다.
찌푸리다
날이 한껏 찌푸린 걸 보니 비가 쏟아질 것 같다.
쭈뼛거리다
나그네는 쭈뼛거리며 집 안으로 들어왔다.

48쪽
뻗다
팔을 쭉 뻗어 봐.
뿜다
황소가 콧김을 씩씩 뿜었다.
뿌리치다
더 놀다 가라는 친구들의 유혹을 뿌리치고 집으로 향했다.
뻐기다
씨름에서 이긴 장사는 한동안 맘껏 뻐기고 다녔다.

49쪽

52쪽

거추장스럽다
비가 와서 우산을 들고 나왔는데, 비가 그친 지금은 우산이 아주 거추장스럽다.

거북하다
어제 짝꿍과 다퉜는데, 오늘도 같이 앉아 있으려니 거북하기 짝이 없다.

가냘프다
밤이 되면 어디선가 가냘픈 아기 고양이 울음소리가 들려온다.

괴팍하다
키다리 아저씨는 성격이 괴팍해 이웃과의 교류도 거의 없다.

53쪽

난데없다
잠자려고 누웠는데 난데없이 우당탕탕하는 소리가 거실에서 들려왔다.

느긋하다
약속 시간보다 일찍 서둘러 나섰더니 마음이 느긋해서 좋다.

눅눅하다
장마철이 되니 이불과 옷이 눅눅하다.

넉넉하다
살림살이가 넉넉한 편이라 쪼들리지 않고 지냈다.

54쪽

대견하다
퇴근이 늦은 엄마를 위해 저녁상을 차리다니 정말 대견하구나.

두툼하다
나는 입술이 두툼한 편이다.

듬직하다
이렇게 집안일을 스스로 하니 정말 듬직하구나.

덜렁대다
동생은 덜렁대는 편이라 학교에 갈 때 뭔가를 빠뜨릴 때가 많다.

55쪽

멋쩍다
대부분 처음 본 사람들 앞이라 멋쩍었다.

매끈하다
삼촌은 나무를 매끈하게 다듬어 도마를 만들었다.

말갛다
푹 자고 일어났더니 머리가 말갛다.

메마르다
가뭄이 계속되니 논바닥이 메말라 쩍쩍 갈라진다.

56쪽

부드럽다
새로 산 이불은 부드러워 마음에 쏙 들었다.

비스듬하다
사다리를 비스듬하게 놓고 조심조심 올라갔다.

비리다
생선을 손질하면 손에서 비린 냄새가 난다.

볼썽사납다
시합에서 졌는데도 인정하지 않는 그 선수의 모습이 볼썽사나웠다.

57쪽

사소하다
짝꿍과 사소한 일로 다퉜는데 후회된다.

서늘하다
가을로 접어드니 아침 저녁으로 서늘한 바람이 불어온다.

성가시다
동생은 자꾸 놀아 달라며 나를 성가시게 한다.

생소하다
처음으로 식물을 키우려니 모든 게 생소하다.

58쪽

의젓하다
동생은 학교에 입학한 후 아주 의젓해졌다.

옹졸하다
진심을 담은 사과를 받아 주지 않는 그가 오히려 옹졸해 보였다.

애처롭다
얼굴에 상처까지 입은 길고양이가 애처롭다.

앙증맞다
아장아장 걷는 아기의 모습이 앙증맞다.

59쪽

쟁쟁하다
엄마의 당부의 말씀이 귀에 쟁쟁하다.

적막하다
깊은 숲속으로 들어가니 더욱더 적막하다.

지긋하다
약속한 곳에서 지긋하게 기다렸다.

짖궂다
짖궂은 장난을 많이 하던 그 친구가 의젓해져서 깜짝 놀랐다.

60쪽

침착하다
받아 든 시험지가 조금 어려웠지만 침착하게 풀어 나갔다.

청승맞다
길 잃은 강아지가 비에 젖어 더욱 청승맞아 보였다.

초라하다
행색이 초라한 사람이 마을로 들어섰다.

촘촘하다
여행 계획을 촘촘하게 짜면 알찬 여행이 될 거야.

61쪽

캄캄하다
앞날을 생각하니 캄캄하다.

쾌활하다
그는 늘 쾌활한 모습이었는데 오늘은 어쩐 일인지 우울해 보인다.

쾌청하다
가을이 왔는지 하늘이 쾌청하다.

케케묵다
우리 집에 케케묵은 장롱이 있는데 할머니는 아주 소중하게 여기신다.

62쪽

퉁명스럽다
나에게 아직도 서운한 감정이 남아 있는 짝꿍은 내 물음에 퉁명스럽게 대답한다.

탁월하다
그 아이의 그림 솜씨는 정말 탁월했다.

태연하다
다툰 이후 감정이 남아 있는 나에 비해 짝꿍은 태연했다.

텁수룩하다
아빠의 수염이 텁수룩해 지저분해 보였다.

63쪽

팽팽하다
두 팀이 팽팽하게 맞서고 있었다.

푹신하다
고양이는 푹신한 이불에 푹 파묻혀 잠이 들었다.

팍팍하다
햄버거 안의 고기를 너무 익혔는지 몹시 팍팍했다.

파리하다
며칠 앓고 난 그 아이의 낯빛이 파리했다.

64쪽

허술하다
그는 일 처리를 조금 허술하게 하는 편이다.

후련하다
미뤘던 과제를 하고 나니 속이 후련했다.

호화롭다
실내 장식이 너무 호화로워서 눈이 휘둥그레졌다.

허무하다
잔뜩 기대했던 여행인데 취소되어서 허무하다.

65쪽

까다롭다
동생은 입맛이 까다로운 편이라 엄마는 늘 동생 먹거리에 신경을 쓰신다.

까칠하다
사포로 문지르지 않았는지 책상 표면이 까칠하다.

끈질기다
형사는 그 사건을 끈질기게 물고 늘어졌다.

꺼림칙하다
이 문제를 덮자니 마음이 꺼림칙하다.

66쪽

따사롭다
봄이 되니 창문을 통해 들어오는 햇살이 따사롭다.

뚜렷하다
최근 들어 이상 기후 현상이 뚜렷해졌다.

떳떳하다
그는 떳떳하게 행동해서 아무도 의심하지 않았다.

뛰어나다
형은 여러 면에서 동생보다 뛰어났다.

67쪽

빼어나다
언니는 노래 솜씨가 빼어나서 늘 주위의 칭찬이 자자했다.

뿌듯하다
어지럽던 내 방을 정리하고 나니 뿌듯했다.

삐쭉하다
동생은 입술을 삐쭉하더니 울음을 터뜨렸다.

뽀얗다
책상에는 뽀얗게 먼지가 앉았다.

68쪽

씁쓸하다
도라지 차를 한 모금 마셨더니 씁쓸했다.

쓰라리다
시합에서 져 속이 쓰라리긴 했지만 애써 웃으며 이긴 친구를 축하해 줬다.

싹싹하다
박물관 입구에서 기다리던 인솔자가 싹싹해서 기분이 좋았다.

쏠쏠하다
이번 알뜰 시장에서 얻은 수입이 쏠쏠하다.

69쪽

짜릿하다
이번 게임에서 내가 우승을 했더니 기분이 짜릿했다.

찜찜하다
해야 할 일을 마무리하지 못하고 휴일을 맞이하니 마음이 찜찜하다.

짭짤하다
바닷물을 삼켰더니 오랫동안 입안이 짭짤했다.

쩌렁쩌렁하다
그 배우의 목소리가 쩌렁쩌렁하게 극장 안에 울려 퍼졌다.

83쪽

97쪽

등	고	선	지	형	햇	볕
	기		평		빛	
압	력	선	거		발	자	취
		독	수		전	
갈	등	수		소	화	기
대	거	리	남		수	
	미	자	매	분	
동	아	줄	두	레	
시	마	름	모	레	바
물	안	개	함	지	박	퀴

100쪽

1. 나는 수업을 마치고 집으로 가고 있었다.
2. 책상에 엎드려 잠을 자던 짝꿍을 흔들어 깨웠다.

101쪽

1. 오늘 내가 만든 토스트가 별로 맛이 없었다.
2. 지구는 태양의 주위를 돈다.

102쪽

1. 드디어 오늘 학교로부터 입학 통지서가 왔다.
2. 혜빈아, 엄마께서 너 빨리 오래.

103쪽

1. 여행하는 내내 비가 와서 우리는 숙소에 있었다.
2. 지금 네가 말한 것은 선생님께 들은 것과 전혀 같지 않다.

104쪽

1. 나는 어제 책을 3시간 동안 읽었다.
2. 코로나19 때문에 모임은 물론 등교조차 할 수 없었다.

105쪽

1. 나는 짝꿍에게 사과 편지를 보냈다.
2. 등교 시간이 늦었는데도 머리 손질은 금방 끝나지 않았다.

106쪽

1. 영수야, 선생님께서 너한테 숙제 내라고 하셨어.
2. 에어컨이 켜져 있으니 문을 꼭 닫으세요.

107쪽

1. 교장 선생님, 연세가 어떻게 되세요?
2. 시골에서 오신 할머니를 전철역으로 마중 나가 모시고 왔다.

108쪽

1. 얘들아, 선생님께서 빨리 공책 정리하래.
2. 어려운 수학 문제를 선생님께 여쭤봤다.

109쪽

1. 나는 결코 이 문제를 풀 수 없을 거야.
2. 내일은 학교에 반드시 일찍 갈 거야.

110쪽

1. 사람들이 닮았다고 하지만 쌍둥이 형과 나는 많은 점이 다르다.
2. 동생이 자고 있을지도 모르니 집에 올 때 절대 초인종을 누르지 말아 줘.

111쪽

1. 선생님, 꼭 건강하셔야 해요.
2. 나는 어제 친구네 집에서 숙제를 했다.

112쪽

1. 지금처럼 온난화가 지속되면 북극곰이 아마 머지않아 사라질 것이다.
2. 나는 차마 그의 눈을 마주 보지 못했다.

113쪽

1. 다이어트에 성공해서 지난번에 산 원피스를 반드시 입겠다.
2. 아빠께서 나에게 어린이날에 뭘 하고 싶은지 물어봤다.

114쪽

1. 우리 팀이 이번 시합에서 진 까닭은 연습을 제대로 하지 않았기 때문이다.
2. 아빠, 할아버지한테 전화가 왔어요.

115쪽

149쪽

지희 쌤 첫 배움책 제3탄

초등 문해력을 완성하는 어휘 글쓰기 배움책 심화 창의 편

1판 2쇄 발행일 2025년 6월 10일

지은이 박지희
그린이 김혜원
펴낸이 김상원
펴낸곳 상상정원
출판등록 제2020-000141호
주소 (05691)서울시 송파구 삼학사로 6길 33, 1층
전화 070-7793-0687
팩스 02-422-0687
전자우편 ss-garden@naver.com

ⓒ 박지희, 김혜원 2021

ISBN 979-11-974703-1-8 73700

- 이 책은 저작권법에 따라 보호받는 저작물이므로 무단 전재와 무단 복제를 금합니다.
- 이 책의 일부 또는 전부를 재사용하려면 반드시 저작권자와 상상정원 양측의 동의를 받아야 합니다.
- 책값은 뒤표지에 표시되어 있습니다.

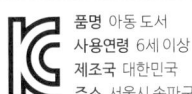

	품명 아동 도서	**제조년월** 2025년 6월 10일	**주의사항** 종이에 베거나 긁히지 않도록 조심하세요.
	사용연령 6세 이상	**제조자명** 상상정원	책 모서리가 날카로우니 던지거나 떨어뜨리지 마세요.
	제조국 대한민국	**연락처** 070-7793-0687	KC마크는 이 제품이 공통안전기준에 적합하였음을 의미합니다.
	주소 서울시 송파구 삼학사로 6길 33, 1층		